フェルミ推定問題の手順とチェックポイント

手順	チェックポイント	例
 step 1 **曖昧な言葉を定義し、推定範囲を特定する**	☐ 推定対象の曖昧な言葉を明確にする ☐ 推定範囲を網羅的に広く設定せず、重要なものに焦点を当てて絞る	● スポーツ人口=競技者数+指導者数+観客数 →「競技者数」に限定して推定する
 step 2 **わからない数字をわかる数字に分解する**	☐ わからない数字をそのままにしない ☐ 自分の経験則から想定できる数値や知っている数値の組み合せにまで分解する ☐ 時間を意識し、推定結果に影響を与えるものに限定して場合分けする	● 飲食店の売上 =席数×稼働率×時間あたり回転数×営業時間×客単価 ● 行列のできる人気カフェの売上(イートイン+テイクアウト) =レジ台数×時間あたりレジ対応客数×レジ稼働率×営業時間×客単価
 step 3 **計算実行**	☐ フェルミ推定は短時間で概算するものと理解し、計算しやすい概数を設定する ☐ 大きな数字は、万単位などに揃える ☐ 場合分けは、数表でわかりやすく数値設定する	● 有効数字1~2桁の数や約数の多い数(10%、400、1,200など)を設定し、後の計算を容易にする ● 按分の計算(加重平均)で計算時間を短縮する 6割の人が500円、4割の人が1,000円のペンを購入する場合、購入単価は500×0.6+1,000×0.4=700円
 step 4 **振り返り、改善点の洗い出し**	☐ 推定した値は常識的な数値と乖離していないか確認する(桁間違いなどの計算ミスがないか) ☐ 自身の推定方法のどこに粗さが残っており、どうすればより精緻に推定可能かを押さえておく	● 常識的な数値の確認の仕方(例:自動販売機の市場規模) 自動販売機を1ヵ月に500円利用するとして、20代以上の人口1億人の年間消費額は500円×12ヵ月×1億人=6,000億円 →10兆円や100億円などの推定値は常識と乖離している(桁間違いの可能性が高い)

きりとり

ケース面接問題の手順とチェックポイント

手順	チェックポイント	例
 step **1** ▶ クライアントの解像度を上げて、イメージを共有する	□ クライアント（課題解決に向けた打ち手の実行主体）を明確に設定し、面接官とすり合わせる	● ビジネスケース→クライアントの事業規模、拠点数、事業エリア、ユーザーの特徴、主な商品、サービス、営業時間などを設定する ● パブリックケース→「クライアントは誰か（国、地方自治体、関連団体）」、「いつまでに問題を解決すべきか（時間軸）」を設定する
step **2** ▶ 「問題」を「課題」に落とし込む	□ 面接官が提示した「問題」から、「課題」を洗い出す □ 洗い出した課題を構造化する	● 売上を向上する5つの方法から課題を洗い出す 　→①新規顧客を増やす、②既存顧客の流出を減らす、③購入頻度・来店頻度を上げる、④購入点数を増やす、⑤購入単価を上げる ● Whyツリー（原因究明のロジックツリー）で課題を構造化する
step **3** ▶ 本質的な課題を特定する	□ 最優先に取り組むべき本質的な課題を特定する □ なぜそれを本質的な課題と考えたか、理由をわかりやすく説明する	● 本質的な課題を特定する3つの視点 　①問題はなぜ起きているのかとWhyを繰り返した先にある「深層要因」 　②複数の課題が絡み合い、悪循環となっている「構造そのもの」 　③複数の局面で発生している「同じ内容の原因」
 step **4** ▶ 打ち手を洗い出し、優先順位を付ける	□ 本質的な課題に焦点を当てて打ち手を具体化する □ クライアントの限られたリソースを踏まえて、優先度の高い打ち手を選定する	● 優先順位付けの基準 　①実効性：その打ち手は課題解決にどの程度貢献するか 　②実現可能性：そもそも問題なく実行できるか 　③迅速性：準備や効果発現にどの程度の時間を要するか
 step **5** ▶ 提案内容を整理し、総括する	□ ディスカッションや質疑応答を踏まえて提案内容を総括し、自分の思考や主張を面接官に伝える □ 1分程度で、端的に話をまとめる	● 「最後に、これまでの検討や○○さん（面接官）とのディスカッションを踏まえて、提案内容を総括してもよろしいでしょうか」

問題解決力を高める

Cracking Top Consulting Case Interviews

外資系コンサルの入社試験

コンサルティングファーム研究会
フェルミ推定・ケース面接対策チーム

ダイヤモンド社

コンサルティング業界には、
独特な入社試験の形態があることをご存じでしょうか。

あらゆる入社試験の中で、最難関と言われています。

面接官：
「今、この瞬間に何個の野球ボールが浮いているか」
「東京都の通勤ラッシュを解消する打ち手を提案せよ」

なぜこのような問題を出題するのでしょう。

それは大勢の志望者の中から、ある1つの能力を持った
少数のハイレベル人材を採用するためです。

コンサルティングファームの仕事は、
顧客が抱えている問題を解決すること。

顧客は大企業から自治体までさまざまで、
抱える問題の種類も多岐にわたりますが、
どんな未知の問題に対しても、解決の打ち手を
提案しなければなりません。

つまりこの独特な入社試験は、
志望者の問題解決力を見極める試金石なのです。

なお、問題解決力はコンサルタントだけに
求められる力ではありません。

仕事の規模や業種を問わず、
あらゆるビジネスで必要とされる
普遍的なスキルが、問題解決です。

このスキルを身につけることで、
効率的でインパクトの大きな仕事を
実行できるようになるでしょう。

ここからはスマホを置いて、紙とペンを用意し、
実際に出題された入社試験に挑戦しましょう。

問題解決力は、トレーニングを繰り返すことで、
誰にでも向上させることができる力です。

本書が厳選した30題を解き終えたあかつきには、
あなたの問題解決力が飛躍的に向上していることを
約束します。

本書の使い方

▼

外資系コンサルの選考を
完全シミュレーション

　本書は、コンサルティングファームや総合商社の入社試験によく出題される「フェルミ推定問題」および「ケース面接問題」の実践的なトレーニングブックです。

　実際に出題された過去問題と面接官による質問内容を題材として、MBB（マッキンゼー・アンド・カンパニー、ボストン コンサルティング グループ、ベイン・アンド・カンパニー）をはじめとするコンサルティングファームの選考突破者による回答内容を収録しています。

　また、実際に数多くの志願者との面接を行ってきた現役のコンサルタントによるポイント解説なども充実しており、初学者はもちろん、既にフェルミ推定問題やケース面接問題の対策を始めている方にとっても気づきを得られる内容となっています。

　フェルミ推定問題とは、たとえば「現在、国内に存在する眼鏡の数は？」というように、「一見予想もできず捉えどころのない未知の値を、いくつかの手掛かりを使って論理的に推定し、短時間で概算する問題」であり、コンサルティングファームの一次面接において実施されることが多いです。

　また、ケース面接問題とは、たとえば「東京都における通勤ラッシュを解消するには？」というように、「企業や自治体が抱えている問題に対して、解決に向けた打ち手を提案する面接」です。企業の売上向上に向けた戦略や具体的な打ち手を提案するもの（ビジネスケース）から、社会課題の解決に向けて政府や地方自治体として講じるべき施策を提案するもの（パブリックケース）まで多岐にわたります。

▼

現役コンサルタントなら、
この問題をどう解決するか？

　近年では、一部の総合商社やスタートアップ企業などもフェルミ推定問題やケース面接問題を実施しており、多くの就活生や転職活動者がその対策に取り組まなければなりません。

　検索すれば過去問題を調べることはできますが、実際に選考を突破した人の思考プロセスや回答の内容、ましてや面接官による質問内容までを詳細に把握することは非常に困難です。

　そこで、本書では、実際に出題された10問のフェルミ推定問題と20問のケース面接問題（ビジネスケース10問、パブリックケース10問）を題材に、内定者へのヒアリングや就活事情に詳しい現役コンサルタントたちのディスカッションをとおして、他では手に入らない選考突破レベルの回答例と質疑応答例を用意しました。

　コンサルティングファーム研究会が実施している内定者ヒアリングでは、内定者は事前に最低でも30問程度のフェルミ推定問題とケース面接問題に取り組んでいることがわかっています。本書の制作にあたって、コンサルティングファーム各社の出題傾向を分析し、必ず押さえておきたい30問に厳選しました。この30問をマスターすれば、どんな出題パターンにも対応できるでしょう。

　本書をとおして、選考突破レベルの回答、面接官の質問や評価ポイントを具体的に把握しながら、求められる思考力を段階的に高めていきましょう。

▼

自ら考え抜くことで、
問題解決の思考力が身につく

　フェルミ推定問題もケース面接問題も、回答のアプローチは1つに定まるものではなく、多様な考え方が存在します。したがって、本文中の回答を暗記するのではなく、1つのアプローチとして考え方や回答の流れを参考にするとよいでしょう。

　回答例を読む前にまずは自ら問題に挑戦してみてください。その後、回答例と見比べながら自身の回答が選考突破レベルに達しているかを客観的に評価します。

　問題ごとに思考時間の目安と大まかな難易度レベル（初級・中級・上級）を記載しているので、時間内に選考突破者の回答例と同程度かそれを上回るような回答を作ることができたか確認してみましょう。

　ただし、本文中のフェルミ推定問題における推定方法や、ケース面接問題における提案内容が皆さんの考えとは大きく異なる場合もあると思います。そのときは、思考の深さや提案内容の具体性を見比べて、自己評価してみるとよいでしょう。

　本書では選考突破レベルの思考プロセスを効率的に理解できるよう、志願者と面接官による掛け合いではなく、まずは志願者による検討と回答を紹介し、その後、面接官の質問に答えるという構成にしています。また、面接官から評価される話し方のコツなどもコラムで紹介しているので参考にしてみてください。

　本書をとおして、自ら考え抜き、言葉として発信することの面白さを感じていただけたら嬉しいです。皆さんのキャリア実現にとって少しでも力になれますように。

コンサルティングファーム研究会
フェルミ推定・ケース面接対策チーム

CONTENTS

Part 1 | フェルミ推定

Part 2 | ケース面接問題

Part 1

フェルミ推定

Part 1で扱うフェルミ推定は、コンサルティングファームの採用選考で最も出題される形式の問題です。一見捉えどころのないような未知の数字を求める問題を通じて、志願者の論理的思考力や説明能力が試されます。

これから解説する頭の使い方をマスターし、実際に有名コンサルティングファームで出題された問題に挑戦することで、論理的思考力や説明能力が自然と身につき、就職や転職の最難関と言われる外資系コンサルティングファームの問題を、無理なく解けるようになります。

フェルミ推定とは？

　まず、「フェルミ推定」とは何でしょうか。

　フェルミ推定とは、「一見予想もできず捉えどころのない未知の値を、いくつかの手掛かりを使って論理的に推論し、短時間で概算すること」です。実際の面接では、

「今、この瞬間に宙に浮いている野球ボールの数は？」
「日本にあるコンビニの店舗数は？」
「シャープペンシルの市場規模は？」
「タピオカドリンク店の売上は？」

　といったさまざまなフェルミ推定問題が出題されます（これらの過去問題は後の問題演習で取り上げます）。

　すなわち、フェルミ推定問題では、一般常識として即答できる数値ではなく、なんだかよくわからない、漠然とした未知の数値を短時間で論理的に概算しなければなりません。

　論理的思考力や数的処理能力、説明能力などの総合的な「地頭力」がフェルミ推定には求められるのです。

　それゆえ、フェルミ推定問題はコンサルティングファームの採用選考において最頻出問題なのです。

「わからない数字」を
「わかる数字」に分解する

　では、私たちはこの厄介なフェルミ推定問題にどう取り組めばよいのでしょうか。

　実は、フェルミ推定の要点はシンプルで、「わからない数字をわかる数字に分解すること」が肝になります。

　すなわち、感覚的に予想しづらい未知の値を、自分の経験や知識で推定可能な値へと分解して計算すればよいのです。

　たとえば、「日本全国の歯みがき粉の年間使用量を推定せよ」と出題されたとしましょう。

　このとき、全国の歯みがき粉の年間使用量は求める数値があまりに大きく見当もつかないので、これを

日本全国の歯みがき粉の年間使用量
＝1世帯の1ヵ月の歯みがき粉使用量×日本の世帯数×12カ月

と分解してみます。

　そうすると、1世帯の歯みがき粉使用量については、

「だいたい、我が家では月に1本くらい歯みがき粉のチューブを交換しているかな。あのチューブって100グラムくらいの量だから、1年（12ヵ月）で1.2キロの歯みがき粉を使用していることになるな」

などと自身の経験から導出でき、日本の世帯数については、

「日本の人口はざっくり1.2億人。世帯平均人数を3人とすれば、
1.2億人÷3人で4,000万世帯くらいなのかな」

と想定できるようになります。

> **例** **日本全国の歯みがき粉の年間使用量は？**
> 全国の歯みがき粉の年間使用量は求める数値が大きすぎるため
> 見当もつかない。
>
> 一方で求める値を分解し、
>
> **日本全国の年間使用量**
> わからない…
>
> = **1世帯の1ヵ月の歯みがき粉使用量** × **日本の世帯数** × 12ヵ月
> 自身の経験から導ける!   想定できる!
>
> とすれば、分解された値は経験または知識で**推定することが容易**。

　このように、「わからない数字をわかる数字に分解すること」
によって、

日本全国の歯みがき粉の年間使用量
=1世帯あたり月0.1kg×4,000万世帯×12カ月
=4,800万kg（=4.8万ｔ）

と推定することができるのです。

フェルミ推定を攻略する4ステップ

　より具体的に、フェルミ推定問題の検討手順を見ていきましょう。次の4つのステップを意識することで、難解な問題も自信を持って回答できるようになります。

| *Step.1* 曖昧な言葉を定義し、推定範囲を特定する

　まずは、フェルミ推定の対象を明確にします。たとえば、「日本のサッカー人口を推定せよ」と出題された場合、それはサッカーをする人を意味するのか、サッカーを教える人や観る人まで含めるのか、「サッカー人口」という曖昧な言葉を定義して、どこまで推定するかの範囲を特定する必要があります。

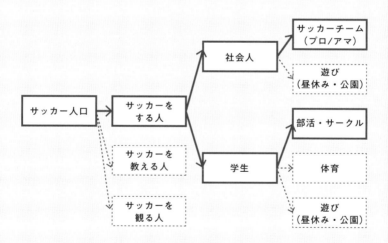

　ここでのポイントは「自分で自分の首を絞めないこと」です。あらゆる人を網羅的に推定対象に含めようとはせず、限られた

時間で推定できるように、サッカーをする人のみ推定するとよいでしょう。

　また、サッカーをする人と言っても、プロのサッカー選手もいれば、サッカー部に所属する学生、休日にサッカーをして遊ぶ親子まで幅広いため、たとえば「プロ・アマを問わず、何らかのチームに所属してサッカーをしている人」などと範囲を特定し、面接官と共有します。

| Step.2 わからない数字をわかる数字に分解する

　推定対象とその範囲を明確にしたうえで、推定方法を検討します。サッカー人口であれば、

日本のサッカー人口
＝プロ・アマを問わず、何らかのチームに所属してサッカーをしている人
＝人口×何らかのサッカーチームに所属している割合
＝小学生×サッカークラブに所属している割合
　＋中高生×サッカー部に所属している割合
　＋大学生×サッカー部・サッカーサークルに所属している割合
　＋社会人×プロまたはアマのチームに所属している割合

と、わかる数字の組み合わせに分解します。

　上記の推定式では、人口を小学生・中高生・大学生・社会人の４つに分解していますが、こうすることで各々のサッカーチーム所属割合をより明確なイメージを持って設定できます。

　場合分けを細かくしすぎると、計算が複雑になり時間が足りなくなってしまいます。「さすがに学生と社会人では、サッカーチームへの所属割合は大きく異なるだろう」といったように、

一括りで検討することに大きな違和感を覚える点を考慮することが重要です。

なお、「わかる数字」とお伝えしていますが、実際にはどれだけ頑張っても「何となくでしかわからない数字」や「正直よくわからない数字」が出てきてしまうこともあります。

たとえば、「社会人のサッカーチーム所属割合」などは想定しづらいでしょう。

ただ、属しているコミュニティの傾向など、日常で観測した情報から社会人の所属割合を想定することはできるので、面接官には「何となく感覚で数字を想定しました」とは言わずに、「大学時代に何らかのチームに所属していた人の10人に1人は、社会人になっても活動していると想定しました」などと理由を伝えましょう。

| Step.3 計算実行

わからない数字をわかる数字の組み合わせに分解できたら、各要素に数値を設定して計算していきます。

このとき、**面接官への説明のしやすさの観点から、次のような表形式で数値設定と計算結果を示すことをおすすめします。**

どのような場合分けをしていて、場合ごとにどのような数値設定をしているのかをパッと見せられる工夫をすれば、皆さん自身も話しやすくなりますし、面接官からの評価も確実に高まります（実際、選考突破者の多くはこのような見せ方をしています）。

なお、フェルミ推定問題においては桁間違いの計算ミスがよ

く見られるため、次の表のように大きな数字は単位を揃えて小さくするとよいでしょう。フェルミ推定は正確な数値を導くものではなく、短時間で推定対象の規模感を概算するものですので、一の位まで細かな数値を設定せず、容易に計算できる概数（丸めた数値）を設定しましょう。

　本書では読みやすさの観点から、パーセント（％）表示としていますが、実際の推定では、分母を揃えた分数で記載すると計算がしやすくなります。

属性	人口	所属割合	サッカー人口
小学生	600万人	10%	60万人
中高生	600万人	20%	120万人
大学生	200万人	10%	20万人
社会人 （20〜40歳）	3,000万人	1%	30万人
		合計	230万人

人口の計算方法についてはp54を参照してください。

Step.4 振り返り、改善点の洗い出し

　推定後は必ず振り返りをしましょう。計算の確認はもちろん、推定結果は実際の値よりも大きそうか、小さそうかと評価し、その要因は何か、さらに時間があればどの部分をより丁寧に分解して数値を設定するべきかについて改善点を洗い出しておきましょう。

　実際には、推定の過程においても「ここは大胆な想定を置いているな」「時間があれば、さらに分解したいな」などと改善

点を押さえておき、面接官とも認識を共有しながら進めるとよいでしょう。

　推定後の面接官からの評価や改善点を確認するような質問に自信を持って対応するためにも、必ず振り返りを実施しましょう。

面接官が評価する3つの能力

　最後に、面接官はフェルミ推定問題から皆さんのどのような能力を評価しようとしているのか押さえておきましょう。

　先ほど、「フェルミ推定では、総合的な地頭力が求められる」とお伝えしましたが、面接官は大きく次の3つの能力を総合的に評価しています。

| 1. 論理的思考力（ロジカルシンキング）

　これはフェルミ推定の本質である「わからない数字をわかる数字に分解すること」を適切にできているかという視点です。

　面接官は、皆さんがわからない数字を抜け漏れや重複がないように適切に分解できているか、また未知の値を分解する際の切り口は論理的で違和感のないものかを評価しています。

　現実の数字に近いかどうかではなく、「わからない数字」が、納得度の高い「わかる数字」の組合せになっているかがポイントです。

2. 説明能力（プレゼンテーション）

　実際の面接では、15分から30分の短時間でフェルミ推定を行うことが求められます。

　進め方は、面接官と話しながら検討する場合もあれば、思考時間を与えられてひと通りフェルミ推定を終えたうえで面接官に説明する場合もあります。いずれの場合も自分の思考プロセスをいかに論理的にわかりやすく伝えられるかが重要です。

　フェルミ推定では計算用紙を渡されます（オンライン面接の場合は自分で用意します）が、**選考突破者の多くは、その紙を単なる計算に使わず、面接官に自分の思考をパッと見て理解してもらえる「プレゼン資料」として活用しており**、わかりやすい表形式で場合分けと数値設定、計算結果を示しています。

3. 修正能力（柔軟性・即興性・人間性）

　フェルミ推定問題では短時間で未知の値を推定するため、検討の粗さはどうしても残ります。

　たとえば、冒頭の歯みがき粉の話であれば、1日3回歯みがきをする世帯もあれば、朝晩の2回歯磨きをする世帯、朝だけ1回歯磨きをする世帯もあり、1ヵ月の歯みがき粉の消費量は大きく異なってきます。

　そのような現実に即した場合分けは、考えれば考えるほど細かく設定できますが、時間制限があるので、ある程度の粗さを残して思い切って推定することになります。

　その粗さに対して、面接官は「この部分については、○○のような場合もあると思うけど、どうでしょう？」などと質問します。適切かつ即座に面接官の意図をくみ、自分の粗さの残る

回答をより良いものへと修正できるかがポイントとなります。

また、質問に対する皆さんのリアクションもよく見られているので要注意です。

フェルミ推定問題に限った話ではないですが、面接官は現役のコンサルタントが務めることが多いので、「厳しいフィードバックを受け入れて、自分の成長につなげられる人間か」、「一緒に仕事をする際に、建設的な議論ができる人間か」といった、実際に一緒に働けそうかという視点から皆さんの言動を評価しています。

したがって、面接官の鋭い質問に対して苛立ったりせず、感謝して受け止め、意図がわからない場合は確認して適切に修正対応するなど、皆さんの高い人間性を示しましょう。

面接におけるフェルミ推定の評価のポイントは3つ

論理的思考力 （ロジカルシンキング）	論理的で適切な分解を行い、 複雑かつ漠然とした問題を**構造化する能力**
説明能力 （プレゼンテーション）	自分の思考プロセスを 論理的にわかりやすく、見やすく**伝える能力**
修正能力 （柔軟性・即興性・人間性）	適切かつ即座に面接官の質問の意図をくみ、 自分の回答をより良いものへと**修正する能力**

Q1

現在、国内に存在する眼鏡の数を求めてください。

回答のヒント

→ 推定する「眼鏡」の定義や範囲を明確にしましょう（一般的な視力矯正眼鏡を指すのか、サングラスやブルーライトカット眼鏡も含めるのかなど）。

→ 個人が所有している数を推定するのか、お店に置かれている眼鏡の数まで推定するのか、その範囲を設定しましょう（短時間で推定するためにも、推定範囲は広げすぎないように注意）。

→ 個人所有の眼鏡の数は「眼鏡を所有する人数×1人あたりの平均所有本数」で計算できそうです。より実態に近い推定をするには、どのような点を考慮すべきでしょうか。

推定対象である「眼鏡」を定義し、推定範囲を明確にする

「眼鏡」と言えば視力が悪くて購入するものを真っ先に思い浮かべますが、それだけではありません。

紫外線や飛散物から目を守るサングラスや安全ゴーグル、ブルーライトカット眼鏡なども眼鏡の一種と言えますし、ファッションアイテムとしての伊達眼鏡もあります。

このように色々なタイプの眼鏡がありますが、今回は「**近視や老眼などの視力を矯正することを目的とする眼鏡**」に焦点を絞って、その個数を推定していきます。

また、この眼鏡の数については、個人が所有している数だけでなく、眼鏡店に商品や在庫として存在する数もありますが、今回は「**個人が所有している眼鏡の数**」について検討します。

眼鏡の数を「所有者数×平均所有数」に分解し、各要素を深堀る

眼鏡の個数は次のように求められそうです。

眼鏡を所有する人数×1人あたりが所有する眼鏡の数

ここで、改めて眼鏡について考えてみると、近視は一般的に小学校高学年から中高生になった頃に始まるため、10歳未満の子どもで眼鏡を使用している人は少なく、40歳を超えると老眼になる人が増えてくると考えます。

また、1人あたりが所有する眼鏡の数をイメージすると、小学校高学年

から中高生は基本的に1本の眼鏡だけを使用するのに対して、大学生や20〜30代の社会人は利便性やファッション目的、経済的余裕の観点から複数本を所有する人が多いように思います。

したがって、10〜18歳（小学校高学年〜中高生）、19〜39歳（大学生〜社会人）、40〜59歳（社会人）、60歳以降（シニア層）の4つの場合に分けることで、眼鏡を所有する人数や1人あたりが所有する眼鏡の数をより具体的にイメージできそうです。

｜4つの場合に分けて数値設定を行い、眼鏡の数を推定する

4つの年齢層ごとに、次の表の通り各要素の数値を設定しました。[1]

	10〜18歳	19〜39歳	40〜59歳	60歳〜
人数[1]	800万人	2,500万人	3,600万人	4,200万人
所有者割合	40%	60%	70%	80%
平均所有本数	1本	2本	3本	3本
合計	320万本	3,000万本	7,560万本	10,080万本
総合計	2億960万本			

具体的には、10〜18歳はまだ近視になっていない人の割合が上の世代より多く、近視が回復することは少ないので年齢が上がるとともに所有者の割合は大きくなると仮定しました。また、40歳以降は老眼が始まり、老眼鏡を所有する人が多くなるとしました。

なお、眼鏡を買い替えた後に、特に使ってはいない眼鏡を家に保管している人も多いと考え、年齢が上がるとともに所有本数は自然と多くなると考えました。

これらの数字を掛け合わせて合計すると2億本（2億960万本）と推定できました。以上となります。ありがとうございました。

1　人数については、10〜18歳は1歳あたり90万人として810万人、19〜39歳は1歳あたり120万人として2,520万人と計算しており、各々数字を丸めて800万人、2,500万人としている（その他、40〜59歳は1歳あたり180万人として3,600万人、60歳以上は1歳あたり200万人として60〜80歳の20歳を乗じて4,000万人としている）。
人口を切り口にした推定方法は54ページを参照してください。

面接官とのQ&A

Q 推定結果は、実際の値より大きいのか、小さいのか、どのように思いますか？

A 実際の値よりは大きな数字になったのではないかと思います。今回の推定では、19歳以上は2〜3本の複数の眼鏡を持ち続けるという前提で試算しましたが、実際には1本だけ所有している方も存在すると感じています。

Q 時間をかけて精度を高めるとしたら、どこを改善しますか？

A 大学生や社会人、シニア層の所有本数をより精査できれば、さらに正確な値になると考えます。たとえば、日常的にコンタクトを使用する人は、主に自宅で使用する眼鏡を1本のみ所有していると考えられます。各年代で外出時にも眼鏡を着用する人の割合を推定し、外出時に眼鏡をかけていない人は1本、かけている人は2本以上として試算してみると、より実際の値に近づきそうです。

Q 「サングラス」や「ブルーライトカット眼鏡」の本数も含めて推定する場合、どのように実施しますか？

A 基本的なアプローチは眼鏡と同じですが、いずれもシニア層の利用は少ないように思います。また、度付きのサングラスやブルーライトカット眼鏡もあるため、視力矯正目的の眼鏡の数と重複しないように注意する必要もあります。なお、サングラスについては、ファッションに対する意識の高い女性の方が、男性より所有率が高いのではないかと感じています。このように、年齢のほかに性別での場合分けができれば、より実態に近い値を推定できそうです。

シャープペンシルの
国内市場規模を
推定してください。

※市場規模とは一般的に、ある分野における1年間の売上額を指します。

回答のヒント

→ 「シャープペンシル市場」の推定範囲を明確にしましょう。

→ シャープペンシル本体の市場規模は、1年間の購入本数と平均的な価格を合理的に検討できれば推定できそうです。

→ シャープペンシルを主に使用している人たち（ユーザー）を想像し、場合分けをして数値設定しましょう。

回答のポイント..

→ **シャープペンシルの使用場面を想像し、推定に反映する**
主なユーザーや所有本数、買い替えるタイミングを具体的にイメージ
し、推定方法の検討や数値設定に生かしましょう。
....

｜ シャープペンシル市場を推定する範囲を定め、推定式を立てる

　今回、私はシャープペンシル「本体」の市場規模について推定します。
シャープペンシルの替え芯など、本体以外については推定の範囲から外し
て考えます。

　シャープペンシル市場の推定に際しては、次のように、「シャープペン
シルを使用している人数」を求めたうえで、それぞれが「何本くらい」を
「いくらの値段で」で購入しているのか、「買い替え頻度（何年に1度買い
替えるか）」はどの程度かについて考えたいと思います。

シャープペンシルの市場規模

＝シャープペンシル使用人数 × 1人あたりの所有本数
　　　　→日本にあるシャープペンシルの総数

×

1本あたりの価格

÷

買い替え頻度
　　→買い替え頻度で割って、総数を「1年あたりの本数」に変換

｜ 漠然とした「使用人数」をより具体的に想像し、異なる使用者の像ごとに場合分けをして推定する

　「シャープペンシルの使用人数」についてですが、シャープペンシルを頻

繁に使うユーザーとして一番に学生が思い浮かびます。また、オフィス労働者もシャープペンシルを使用する人は多いと思います。

　その他のユーザーとしては、生産現場で働くような現場労働者や主婦・高齢者などが存在しますが、先ほどの学生やオフィス労働者ほど使用場面は多くないと考えました。

　これらを踏まえ、ユーザーのセグメント別に、推定式の数値を設定しました。

	使用人数 （万人）	所有本数 （本）	1本あたり の価格 （円）	買い替え 頻度 （年）
小学生未満	600	–	–	–
小学生	600	0.5	500	1
中学生	300	2	500	2
高校生	300	2	500	3
大学生	200	2	800	4
オフィス労働者	2,700	1.5	800	5
その他 （現場労働者、主婦、高齢者）	12,000 – 上記人口 =7,300	1	500	10

※53ページの考え方をもとに各セグメントの使用人数を設定している（単純化のため、大学生は200万人、労働者を5,400万人と設定）。また、オフィス労働者と現場労働者の人数は同じと仮定し、労働者の人口を2等分した。

　所有本数について、小学生はシャープペンシルではなく鉛筆を使う人が多い一方で、中高生や大学生は基本的にシャープペンシルを使う人が多いです。また、オフィス労働者はシャープペンシルだけではなく、ボールペンや万年筆を使う人もいるでしょう。

　よって、小学生は2人に1人が持つということで0.5本、それ以外の学生を2本、オフィス労働者を1.5本、それ以外を平均的に1本と置きました。

　価格について、大学生やオフィス労働者は多少デザイン性や機能性にこ

だわりを持つと考え、こうしたユーザーとそれ以外のユーザーで差をつけてみました。

　買い替え頻度について、シャープペンシルは替え芯があるため、基本的には壊れた時が買い替えるタイミングになります。自分の経験から、年齢が上がるにつれて物持ちは良くなると考え、買い替え頻度は年齢が上がるにつれて落ち着いていくように設定しました。

　以上より、セグメント別の市場規模は、次のようになります。

・小学生：600万×0.5×500÷1＝15億円
・中学生：300万×2×500÷2＝15億円
・高校生：300万×2×500÷3＝10億円
・大学生：200万×2×800÷4＝8億円
・オフィス労働者：2,700万×1.5×800÷5＝64.8億円
・その他：7,300万×1×500÷10＝36.5億円

　これらの数値を合計すると、15＋15＋10＋8＋64.8＋36.5＝149.3億円となり、シャープペンシルの国内市場規模は、およそ150億円と推定できました。

　以上となります。ありがとうございました。

面接官とのQ&A

Q 推定結果について、実際の市場規模より大きいと思いますか、小さいと思いますか？

A 少し小さいと感じています。理由としては、今回の推定対象には「日常使いしていない、机の引出しに眠っているようなシャープペンシル」などを含めておらず、1人あたりの所有本数を小さく見積もっているからです。

Q シャープペンシルのメインユーザーである学生の市場規模が社会人よりも小さい理由は何でしょうか？

A 理由として2点、（1）学生は社会人よりも人口が少ないこと、（2）シャープペンシルの替え芯を市場規模の推定範囲に含めていないことがあります。学生の人口は小学生から大学生までを含めて1,400万人ですが、社会人はオフィス労働者だけでも2,700万人であり、この人口規模の差が市場規模の差に反映されています。また、学生は社会人よりもシャープペンシルの使用頻度が高く、替え芯を頻繁に購入すると想定できますが、今回の市場規模の推定には含めていません。この点も社会人との差に影響を与えていると思います。

Q シャープペンシルの市場規模は150億円とのことでしたが、ボールペンの市場規模も同程度と推定されますか？

A ボールペンの市場規模は、今回推定した（替え芯を含めていない）シャープペンシル「本体」の市場規模よりも大きいと考えます。たとえば、ボールペンはシャープペンシルと異なり、黒色以外にも様々な色があり、幅広い用途で使用されます。また、基本的にインクがなくなれば買い替えることになるため、買い替え頻度では大きな違いが現れるでしょう。

Q3

高級レストランのある1日の売上を推定してください。

⟶回答のヒント・・・・・・・・・・・・・・・・・・・・・・・・・・

→ 平日と休日でお店の混み具合は異なるため、「ある1日」がどのような日なのか明確にしましょう。

→ ある1日の売上は、大まかに「ある1日の客数×客単価」と分解できます。客数であれば、何名掛けのテーブルがいくつあるかなど、具体的なイメージを持ちながら値を設定してみるとよいでしょう。

→ 高級レストランと一般的な飲食店との違いを想像しながら、埋まっている席の割合（稼働率）や1回の食事にかかる時間、客単価の違いを推定に反映してみましょう。

→ 高級レストランの特徴を意識する

高級レストランを具体的にイメージし、その特徴を踏まえて推定方法
を検討しましょう。

| 推定対象である「高級レストラン」の解像度を上げる

私は、次のような高級レストランを想像し、推定する1日の売上は「**あ
る休日におけるランチ、ディナーの売上の合計**」とします。

- 座席数は100席（4人掛けテーブルで換算すると25卓）
- ディナーは1万円のコース料理と1杯2,000円のドリンクを扱う
- 来店客は1組3時間程度、食事を楽しんでいる
- ランチ時間帯はコースの単価が低く、1組あたりの滞在時間も短い

| 高級レストランを想像し、推定方法を具体化する

まず、売上を「**客数×客単価**」に分解し、客数と客単価はそれぞれどの
ような要素に分けられるか考えます。

レストランの客数は、ある時間にどの程度の数の客が食事をしているか、
またその来店客は何時間で入れ替わるかの感覚をもとに求められそうです。
そこで客数を「**席数×埋まっている席の割合×営業時間÷1回の食事にか
かる時間**」に分解します。

また、レストランの客単価は、「**コース料理の平均客単価＋ドリンクの
平均客単価**」で求められます。

したがって高級レストランの売上は以下の式から推定できると考えます。

高級レストランの売上
＝客数×客単価
＝（席数×埋まっている席の割合×営業時間÷1回の食事にかかる時間）
　　×（コース料理の平均客単価＋ドリンクの平均客単価）

ランチとディナーで場合分けをして、数値を設定する

私は、ランチとディナーで1回の食事にかかる時間や客単価が異なると考え、以下のように場合分けをして数値を設定しました。

ランチでは、営業時間11:00-15:00の4時間で、席は60%埋まっており、単価6,000円のコースを2時間制で提供（2回転）し、2,000円のドリンクが2杯注文されるとします（ドリンクを注文しない客もいると想定）。

ディナーでは、営業時間17:00-23:00の6時間で、席は80%埋まっており、ランチより高い単価10,000円のコースを3時間制で提供（2回転）し、2,000円のドリンクが5杯注文されるとします（高級ワインなどをボトルで注文するような客もいると想定）。

	ランチ	ディナー
席数	100席	
埋まっている席の割合	60%	80%
営業時間	4時間	6時間
1回の食事にかかる時間	2時間	3時間
コース料理の平均客単価	6,000円	10,000円
ドリンクの平均客単価	2,000円×2杯	2,000円×5杯

ランチとディナーの売上を求め、1日の売上を推定する

仮定した数字を計算式に代入すると、ランチ、ディナーそれぞれの時間帯の客数・客単価は次の表のようになります。

	ランチ	ディナー
客数	100席×60%×2回転=120人	100席×80%×2回転=160人
客単価	コース6,000円 +ドリンク2,000円×2杯 =10,000円	コース10,000円 +ドリンク2,000円×5杯 =20,000円
売上	1,200,000円	3,200,000円

以上より、高級レストランの休日の1日の売上は440万円と推定できました。ありがとうございました。

面接官とのQ&A

Q 今回はある休日の売上について推定いただきましたが、平日の売上を推定する場合にはどのような点が変わってくると思いますか?

A 主に「埋まっている席の割合」、すなわち、稼働率が大きく変わると思います。店舗次第ですが、一般的には平日は休日ほどの稼働率を見込めないのではないでしょうか。特にランチにおいては仕事があるビジネスパーソンの利用は想定しづらく、休日の稼働率を大きく下回ると考えます。

Q 今回の推定をより精度高く修正するならば、どのあたりに手を付けたいと思いますか?

A 「営業時間÷1回の食事にかかる時間」で計算した来店客の回転数に手を付けたいです。実際に食事を開始するタイミングはお客さまが決めるため、全てのテーブルがランチもディナーも2回転するとは限りません。したがって、一定数のテーブルは2回転しないことを加味できれば、より現実に近い値になると考えます。

Q 今回の推定を踏まえて、このレストランの売上を向上させるにはどのような施策が考えられますか?

A 客数を増やすか、客単価を上げるかのいずれかや双方の可能性を検討することになりますが、今回の推定ではランチタイムの稼働率を60%と設定していたので、それをいかに改善するかという客数増加への打ち手を検討できるとよいと思います。たとえば、常連のお客さまに対して、「友人や知人をご紹介していただくとシャンパンを1杯サービス」などの紹介特典を提示し、新規のお客さまを開拓するという施策はいかがでしょうか。

タピオカ店の1店舗における、とある休日の売上を推定してください。

回答のヒント

→ どのような店舗の売上を推定するのか、推定対象を明確にしましょう。

→ タピオカ店に行った経験や見かけた経験から、店舗や来店客の状況を想像してみましょう。

→ タピオカ店の売上がイートインとテイクアウトの2つで構成されている場合、この2つを別々に考えずに推定する方法がないか検討してみましょう。

→ **実際のタピオカ店の様子を踏まえて、売上の要素分解を行う**
タピオカ店に行った経験から、実際の店舗や来店客の状況をイメージ
しましょう。

推定対象のタピオカ店や売上の要素を具体的に想像する

今回、私は有名タピオカ店ブランドの渋谷にある店舗を前提に推定した
いと思います。

まず、タピオカ店の売上は、大きくイートインとテイクアウトで構成さ
れますが、渋谷の場合は店内で飲食できるスペースは狭く、基本的にはテ
イクアウトの利用がメインになっていると思います。

さらに、店舗が位置する渋谷は常に人でにぎわっており、タピオカドリ
ンクの主な客層と想定される若者や女性が数多く存在するエリアと言えま
す。

推定対象：有名タピオカ店ブランドの渋谷店
タピオカ店の売上＝イートイン売上＋テイクアウト売上

一時期のタピオカブームは過ぎ去りましたが、未だに根強い人気があり
レジの前に会計や提供待ちの行列ができている印象です。

また、朝・昼・夜の時間帯によって来店客数が異なり、混雑具合にも差
が生じていると思います。

最後に単価の面は、トッピングやメニューの種類は多種多様であるもの
の、1人あたりの平均単価は1,000円以下と想定します。

推定対象を踏まえて、合理的な推定方法を構築する

以上から、推定対象に設定した渋谷の有名タピオカ店は、イートインや
テイクアウトの客が途切れなく来店していると仮定します。

その上で、今回は「タピオカ店はどの程度の数の客に商品を提供できるのか」という観点からレジでの会計を想像して推定を行います。

このように考えると、タピオカ店の1日の売上はイートインとテイクアウトの区分を考慮しなくとも、

1日の売上
＝1日の来店客数×客単価
＝1時間あたりのレジのキャパシティ
　×レジ稼働率×営業時間×客単価

という計算式で算出できます。ここで、1時間あたりのレジのキャパシティとは「1時間で何組の客の会計を行うことができるか」、レジ稼働率とは「どれだけ、レジが混雑しているか」を意味しています。

また、レジは複数台設置されていることを考慮すると、タピオカ店の1店舗における1日の売上は次のような計算式で推定できます。

1日の売上
＝1日の来店客数×客単価
＝1時間あたりのレジのキャパシティ
　×レジ稼働率×営業時間×客単価
＝レジの台数×1時間あたりのレジ対応客数
　×レジ稼働率×営業時間×客単価

｜ 具体的な数値を設定し、タピオカ店の売上を推定する

推定に際して、1時間あたりのレジのキャパシティについては、

1時間あたりのレジのキャパシティ（最大対応客数）
＝レジの台数×1時間あたりのレジ対応客数

で求められます。

過去に自分がタピオカ店を訪れた際の感覚から、レジの台数を2台、1時間あたりのレジ対応客数は1レジあたり40組（1.5分で1組の客を捌く）と想定します。その場合**1時間のレジのキャパシティは80組**となります。

次に、レジ稼働率について考えます。

営業時間を来店客数が異なりそうな3つの時間帯に分けて考えます。

具体的には、**10:00-12:00**の開店から昼頃にかけて徐々に混雑していった後、**12:00-18:00**の昼頃から夕方にかけてピークが続き、**18:00-21:00**の夕方以降徐々にピークアウトしていくと想定し、それぞれ稼働率を設定します。

また、昼の時間帯は友達との来店や家族連れなど複数名での利用が多いと考えました。

これらの点を踏まえて、時間帯で変動するレジ稼働率と客単価について、次のように整理しました。

営業時間	時間	レジ稼働率	客単価
10:00-12:00	2h	80%	¥600
12:00-18:00	6h	100%	¥1200
18:00-21:00	3h	70%	¥600

営業時間を来店客数が異なりそうな3つの時間帯で分類

レジ稼働率は開店〜昼頃にかけて上昇し、昼頃〜夕方でピークが続き、夕方以降は徐々にピークアウトすることを想定

ピーク時は複数名の利用で会計がまとめられることが多いと想定

ここまでで推定した営業時間ごとのレジ稼働率と客単価を用いてタピオカ店の1店舗あたりの売上を推定すると、休日1日の売上は75万円となりました。

タピオカ店の1店舗の休日の売上
＝1時間のレジのキャパシティ×レジ稼働率×営業時間×客単価
＝80×（0.8×2×600＋1.0×6×1200＋0.7×3×600）
＝80×（960＋7200＋1260）
＝80×9420
＝75.36万円

以上です。ありがとうございました。

面接官とのQ&A

Q 推定結果について、金額は大きすぎる／小さすぎると思いますか？

A 大きすぎるように感じます。稼働率について、営業時間の半分以上を常にレジ2台がフル稼働している状況を想定していましたが、人気のタピオカ店といえどもやや実態と離れているのかもしれません。

Q 時間に余裕があれば、追加で何を検討しますか？

A 客単価について、より精緻に推定したいです。特に昼頃の客単価はざっくり高めに設定しましたが、家族連れや友人どうし・カップルなどに分類して、より精緻に1組あたりの来店人数を算出できると考えます。

Q 今回はレジ起点で推定を行っていただきましたが、他にはどのような推定方法があると思いますか？

A タピオカ店の商圏人数を算出し、その中でタピオカ店に来店する人の数を推定していく方法もあると思います。しかし、この推定方法は推測する要素が多くなってしまいます。そのため、今回のケースではやはりレジのキャパシティ起点の推定が適していると考えます。

Q5

ある会員制フィットネスクラブの1ヵ月間の売上を推定してください。

・回答のヒント・・・・・・・・・・・・・・・・

→「会員制」なので、1ヵ月間の売上は大まかに「会員数×月会費」に分解できます。月会費以外の売上がないかも検討しましょう。

→フィットネスクラブは同時に何人でも利用できるわけではないため、施設のキャパシティ（利用可能人数）を想定しましょう。

→1ヵ月間の利用者総数＝会員数ではない点に注意しましょう。

→ 会員制フィットネスクラブの売上構造を押さえる

ある会員制フィットネスクラブのビジネスモデルを想像したうえで、
売上の構成を明確にし、抜け漏れなく推定しましょう。

「ある会員制フィットネスクラブの月間売上」の推定範囲を明確にする

　私はゴールドジムのような会員制フィットネスクラブを念頭に、全店舗合計の月間売上ではなく、「ある会員制フィットネスクラブ1店舗における月間売上」を推定したいと思います。

　また、この「ある会員制フィットネスクラブ」は24時間営業で、主要駅前の好立地に位置し、一定の会員を獲得できている店舗であると仮定します。

ビジネスモデルを想像し、売上を分解する

　会員制フィットネスクラブの売上を、会員から毎月徴収する「**会費売上**」や、プロテインやトレーニング用品などの「**物販売上**」、有料プログラムの提供などの「**サービス売上**」の3つに分解することで、以下のように推定式を立式できます。

> 1ヵ月間の売上
> ＝会費売上＋物販売上＋サービス売上
> ＝（会員人数×月会費）＋（1ヵ月間の物販利用人数×平均客単価）＋
> 　（1ヵ月間のサービス利用人数×平均サービス料金）

個々の売上ごとに金額を推定する

　3つの売上を推定するために、まず、会員人数について考えます。先ほどの推定式を次のように変形します。

1ヵ月間の会費売上

　＝会員人数×月会費

　＝（1ヵ月間の延べ利用者数÷1人あたりの月間平均利用回数）
　　×月会費

　＝（ある1日の利用者数×30日÷1人あたりの月間平均利用回数）
　　×月会費

　＝（キャパシティ×稼働率×営業時間÷平均利用時間×30日
　　÷1人あたりの月間平均利用回数）×月会費

　ここで、フィットネスクラブのキャパシティ（利用可能人数）は少し多めの50名としました。これは私が通っている駅に近いフィットネスクラブのロッカーの数が50個ほどであったことから、ロッカーの数がキャパシティに相当すると仮定して設定しました。

　また、平均利用時間については、2時間と想定しました。

　稼働率は時間帯で異なると考え、次のように場合分けをして、ある1日の利用者数を210名と推定しました。これに30日間を乗じると、1ヵ月間の総利用回数は6,300回となります。

時間帯	稼働率	時間帯別総利用者数（人） ※キャパシティ×稼働率×営業時間÷平均利用時間
8:00-18:00（10時間）	40%	50×0.4×10÷2＝100
18:00-22:00（4時間）	60%	50×0.6×4÷2＝60
22:00-8:00（10時間）	20%	50×0.2×10÷2＝50
合計	—	210

　次に、1人あたりの月間平均利用回数を考えます。

　利用者全体の50%が週1回、30%が週2回、20%が週3回でフィットネスクラブに通うものと仮定して加重平均をとると

週1回×50%＋週2回×30%＋週3回×20%＝0.5＋0.6＋0.6
＝週1.7回

となり、およそ週に2回はフィットネスクラブに行くとして、1ヵ月間では2回×4週間で8回としました。

	50%	30%	20%	加重平均
	週1回	週2回	週3回	週1.7回（≒週2回）

以上より、会員人数は次のように推定できます。

会員人数＝1ヵ月間の総利用回数÷1ヵ月あたりの月間平均利用回数
＝6,300÷8
＝787.5
≒800（名）

私の経験から月会費は毎月8,000円として、会費売上を推定すると、

1ヵ月間の会費売上＝会員人数×月会費
＝800×8,000
＝6,400,000
＝640万（円）

と推定できました。

会員人数が明らかとなったので、次に物販売上とサービス売上について検討したいと思います。

先ほどの会員人数800名のうち、2割の会員がプロテインなどを月3,000円程度で購入し、4割の会員が月2,000円程度の有料プログラムを利用し

ているとして、次のように推定しました。

　　物販売上＝800×0.2×3,000
　　　　　　＝480,000
　　　　　　≒50万（円）

　　サービス売上＝800×0.4×2,000
　　　　　　　　＝640,000
　　　　　　　　≒60万（円）

以上より、ある会員制フィットネスクラブの1ヵ月間の売上は、

　　1ヵ月間の売上＝会費売上＋物販売上＋サービス売上
　　　　　　　　　＝640万円＋50万円＋60万円
　　　　　　　　　＝750万円

と推定できました。
以上となります。ありがとうございました。

面接官とのQ&A

Q 推定した売上の金額規模に違和感はありますか？

A フィットネスクラブにおける毎月の主な費用として、人件費が月150万円（月30万円×従業員5名）、物件賃貸料が月100万円、機材費が月100万円と仮定すると利益率は50%程度となります。利益率が高い印象もありますが、その他にも物販の調達費用や水道光熱費などを考慮すれば大きくは外れていないように思います。

Q 今回の推定方法について改善余地がありますか？

A 売上の大きな割合を占める会費売上の推定方法をより丁寧にできると考えます。例えば、平日と休日では稼働率が異なるため、各々で場合分けします。また、会費についても私の経験から8,000円と置きましたが、24時間いつでも利用できる代わりに会費が高く設定されていたり、逆に特定の時間帯のみ利用できるという制限付きで安価な会費プランを提供していたりするフィットネスクラブもあるので、こうしたタイプ別の考慮もできると精度が向上すると感じています。

Q この会員制フィットネスクラブの売上向上策として、どのようなものが考えられるでしょうか？

A 今回の推定では、特に深夜から早朝、日中における時間帯でキャパシティを持て余しているため、この時間帯のみ利用できる安価な会費プランを導入して新規会員を開拓します。立地は申し分ないので、「価格の高さ」が入会のボトルネックとなっていそうな学生に訴求できるのではないでしょうか。その他、プロテインやサプリメントの充実化や有料プログラムの新規開発といった物販売上やサービス売上の拡大にも取り組むことで、客単価を高められると考えます。

▼

フェルミ推定で求められる 「切り口」の考え方

　フェルミ推定では、推定対象を具体的に想像して、何を起点に推定を行っていくのか、推定における切り口や場合分けをどうするのかを自分で考えなければなりません。一般的に面接官から具体的な指示がなされることはなく、皆さんから推定方法を提示していくことになります。

「切り口」とは何か

　たとえば、「日本で1カ月間に購入されるチョコレートの個数は？」と聞かれたら、どのように推定するでしょうか。回答者の多くは、人口を起点として「日本の人口×1人あたりの1カ月間のチョコレート平均購入数」で答えを導き出そうとするでしょう。

　しかし、日本国内にはチョコレートをよく食べる人もいれば苦手な人もおり、ましてや乳児はチョコレートを食べられないなど、様々なケースが存在します。全ての人が同じ行動や思考をするわけではないため、より解像度の高い推定を行うには人口を行動や性質が似通った「まとまり」に分け、個別に検討する必要があります。**この全体を何らかの「まとまり」に分ける際に着目する観点を本書では「切り口」と呼んでいます。**

　筋の良い切り口で推定を行うことで、聞き手にとって納得感があり、自

分なりの独自性を盛り込んだ回答を導き出せるようになるため、切り口の選定はフェルミ推定の選考突破における肝と言えます。

┃ 覚えておきたい切り口①：人口

　日本の総人口起点は、様々な問題で活用できる切り口の1つです。次の図を覚えておくとスムーズに検討を進めることができます。上下どちらの図を使用しても問題ありません。

実際の人口

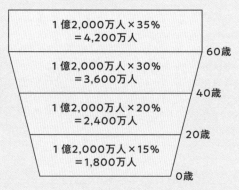

```
1億2,000万人×35%
=4,200万人          60歳

1億2,000万人×30%
=3,600万人          40歳

1億2,000万人×20%
=2,400万人          20歳

1億2,000万人×15%
=1,800万人          0歳
```

フェルミ推定で用いる概数

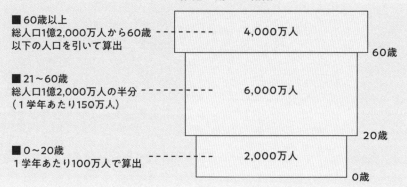

■60歳以上
総人口1億2,000万人から60歳以下の人口を引いて算出 ------- 4,000万人　60歳

■21～60歳
総人口1億2,000万人の半分（1学年あたり150万人） ------- 6,000万人　20歳

■0～20歳
1学年あたり100万人で算出 ------- 2,000万人　0歳

覚えておきたい切り口②：属性（学生／社会人／専業主婦・主夫）

　自由に使えるお金や日々の活動が異なる**学生や専業主婦／主夫、社会人（労働者）**の各属性に分類する方法を紹介します。この分類方法は、腕時計やスマホアプリなどの個人所有の商品やサービスについて推定する際に活用できます。

属性	推定方法	人口の概数
小学生 中学生 高校生	1学年100万人	1,200万人
大学生	1学年50万人（進学率50%）	200万人
社会人 （専業主婦・ 主夫を含む）	全人口の50%（21〜60歳）	6,000万人
専業主婦／主夫	社会人の10%	600万人

　なお、社会人と労働者、専業主婦・主夫の人口は次の手順で算出できます。

社会人、労働者

　21歳から60歳までの人口は6,000万人です。この年齢層には学生が含まれますが、61歳以上の社会人もいるため、社会人の総数（専業主婦・主夫を含む）を6,000万人としても数字は大きく乖離しないでしょう。

　なお労働者の人口は、社会人の総数から専業主婦・主夫を差し引いて、6,000万人−600万人＝5,400万人となります。

専業主婦・主夫

　21歳から60歳までの6,000万人のうち60%が結婚しており、そのうちの

30%の世帯に専業主婦または主夫がいます。パートナーは就業者であることに注意して最後に50%を乗ずると、6,000万人×60%×30%×50%＝540万人（≒600万人）と算出できます。

覚えておきたい切り口③：世帯数、世帯人数

次は、人口を世帯数に分解する方法です。この方法は、車や新聞、ウォーターサーバーといった家庭単位で利用している商品やサービスについて推定する際に活用できます。

行動が異なると考えられる**単身層・ファミリー層への分解や、必要に応じて若年・老年の世帯主、子どもの有り無しで世帯数を分類**していくことができます。

おおまかな数字感や推定方法に加えて、日本全体の世帯数（5,000万世帯）や単身世帯率（30%）は覚えておくと便利です。

属性	推定方法	世帯数
若年単身層	日本全体の世帯数を5,000万世帯、その中で単身世帯率を30%と仮定。単身世帯数1,500万世帯の中で、40%を若年層と仮定	600万
高齢単身層	単身世帯数1,500万世帯の中で、60%を高齢層と仮定	900万
ファミリー層（2人）	日本全体の世帯数を5,000万世帯、その中で2人世帯率を30%と仮定	1,500万
ファミリー層（3人以上）	その他の世帯を3人以上のファミリー層と仮定	2,000万

覚えておきたい切り口④：都市部と地方部（人口、面積）

次は、日本全国を都市部と地方部に分解する考え方です。次の表は地域特性（大都市圏、都市部、地方部）ごとの面積と人口を示したものです。

地域区分	面積（㎢）		人口（人）	
	実際の面積	フェルミ推定で 用いる概数	実際の人口	フェルミ推定で 用いる概数
日本全国	38万	40万	1億2,800万	1.2億
地方部	17万	20万 （全国面積の半分）	1,200万	1,200万 （全国人口の10%）
都市部 （大都市圏＋地方都市）	21万	20万 （全国面積の半分）	1億1,600万	1億 （全国人口の90%）
大都市圏	2万	2万 （都市部面積の10%）	5,600万	5,000万 （都市部人口の半分）

　これを基に、全国の面積は40万㎢、都市部（大都市圏＋地方都市）は面積が全国の約半分、特に大都市圏（東京圏、大阪圏、名古屋圏）は日本全国の５％の面積に40％の人口が密集している、などと覚えておくことで、地方都市を含んだ都心部、大都市圏の生活に関する肌感覚が養えます。

　この方法は、車の数、電車の乗車人数などの交通手段に関する推定の際や、コンビニやスーパーの数などの地域によって分布特性の異なるものの推計に活用できます。

｜ 覚えておきたい切り口⑤：大企業と中小企業

　企業向けの商品やサービスに関する需要を考えるような際には、大企業と中小企業に分けて検討すると良い場合があります。たとえば、自動販売機を設置するか否かは、大企業と中小企業では導入している割合や台数が大きく異なるでしょう。

　企業数などの正確な数値は総務省と経済産業省が発表している経済センサス活動調査を確認するとよいですが、たとえば、「日本の大企業の数は全体の約0.3％、その大企業に所属する従業員数は社会人全体の30％」「日本の大企業は１万社で平均従業員は1,000名、中小企業は400万社で平均

従業員は10名」などと大企業と中小企業を分けて押さえておきましょう。

┃ 覚えておきたい切り口⑥：店舗の営業時間、キャパシティ（レジ・席数）

　実際のフェルミ推定問題では、カフェやレストランなどの1日の店舗売上を推定する問題も頻出します。その際、周囲の人口規模から該当する店舗に来店する人を推計するアプローチ（「需要起点」と呼ぶこともあります）が適さない問題も多く存在します。

　そのような時に便利なのが、店舗が時間あたり何名程度のお客様に対応できるかという席数やレジ起点での切り口です（「供給起点」と呼ぶこともあります）。営業時間ごとに来店客数の場合分けを行えば、より解像度の高い推定ができます。

【席数起点での切り口】
店舗（飲食店など）の売上
＝1日の客数×客単価
＝席数×埋まっている席の割合×1時間当たりの回転数×営業時間×客単価
※回転数とは、お客様が1時間で何回入れ替わるかを示す。

【レジ起点での切り口】
1日の売上
＝1日の利用客数×客単価
＝1時間あたりのレジのキャパシティ×レジ稼働率×営業時間×客単価
＝レジの台数×1時間あたりのレジ対応客数×レジ稼働率×営業時間×客単価

　以上の切り口を頭に入れたうえで、推定対象に合わせて適したものを活用してみてください。なお、意味のある切り口を用いることはもちろん重要ですが、細かく場合分けをすると計算が複雑になり、時間が足りなくなってしまいます。時間を意識して、要点を押さえたシンプルな場合分けを検討し、計算のしやすさにも工夫しましょう。

国内における
年間の総再配達件数を
推定してください。

回答のヒント

→ 再配達されるものには、宅配便や対面での受け取りが必要な書留郵便などが あります。

→ 世帯人数や宅配ボックスの有無で、再配達件数は変化しそうです。

→ 再配達となる場面を具体的に想像して、どのような要素を考慮すると納得感 のある推定ができそうか考えてみましょう。

・回答のポイント・・・・・・・・・・・・・・・・・・・・・・・・・・・・・・・・・・
→ **再配達となる場面を具体的に想像する**
再配達の発生頻度に影響を与える要素を特定し、場合分けをして数値
設定を行いましょう。
・・・

┃ 推定対象である「総再配達件数」の定義と範囲を明確にする

私は、この問題を解くに際して、次のように前提を定義しました。

- 再配達に含める配達物は、「**宅配便**」と「**書留郵便**」とする
- 宅配便では受け取り手による時間指定が可能である
- 書留郵便は、一般に受け取り手が時間指定をすることは少ないため、ランダムに配達されると考える

今回は以上の前提に従って検討を進めます。

┃ 総再配達件数の推定方法を検討する

まず、前提で設定した通り、総再配達件数を

（A）宅配便の再配達件数 +（B）書留郵便の再配達件数

と考え、（A）と（B）がそれぞれどのような要素に分解できるか考えてみます。
宅配便の再配達が発生するのは宅配ボックスの有無が大きく影響するため

（A）＝世帯数 × 宅配ボックスがない割合 × 年間の宅配数
× 不在率 × 平均再配達回数

と求められます。

　一方、書留郵便は手渡しとなるため、書留郵便が来たタイミングで自宅を不在にしている場合に再配達となります。したがって、

（B）＝世帯数×年間の書留郵便数×不在率×平均再配達回数

と求められます。

　以上をまとめると、求める総再配達件数は以下の式で求められます。

年間の総再配達数＝（A）宅配便の再配達件数＋（B）書留郵便の再配達件数
（A）＝世帯数×宅配ボックスがない割合×年間の宅配数×不在率×平均再配達回数
（B）＝世帯数×年間の書留郵便数×不在率×平均再配達回数

┃ 単身世帯と一般世帯に場合分けをし、数値を設定する

　まず、（A）（B）共通の変数として設定した平均再配達回数（再配達となった後、受け取りまでにかかる配達回数）は、全体の90％が再配達1回目で受け取り、10％が2回目で受け取ると仮定し、1.1回（0.9×1回＋0.1×2回）とします。

　また、世帯数全体は

人口1億2,000万人÷1世帯あたり2.5人
＝4,800万世帯（約5,000万世帯）

で、単身世帯：一般世帯＝3：7と想定し、世帯数は単身世帯が1,500万世帯、一般世帯（複数人で暮らす世帯）が3,500万世帯とします。

　次に、（A）（B）個別の変数について考えます。

　まず、（A）宅配便の再配達件数については次のように設定しました。

（A）の変数	値
宅配ボックスがない割合	単身世帯：60% 一般世帯：80%
宅配数／年	単身世帯：20回／年 一般世帯：25回／年
不在率	単身世帯：30% 一般世帯：15%

　宅配ボックスがない割合は、マンション利用の多い単身世帯の方が小さく、一軒家が増える一般世帯が大きいと考えました。今回は単身世帯で60％と設定し、一般世帯はそれより大きい80％という値を設定しました。

　宅配数は平均して1人あたりで月に1.5回程度であると考え、単身世帯を20回（1.5回×12ヵ月＝18回（約20回））と設定しました。また、一般世帯では同時に注文することを考慮し、わずかに増やした25回に設定しました。

　不在率は、時間指定できることを踏まえ、後ほど説明する（B）書留郵便の場合の半分に設定しました。

　また、（B）については次のように設定しました。

（B）の変数	値
書留郵便数／年	単身世帯：3回／年 一般世帯：6回／年
不在率	単身世帯：60% 一般世帯：30%

　本人確認が必要な書留郵便はあまり頻繁に郵送される印象がないため、単身世帯では半年に1回よりはやや多い程度で3回。一般世帯ではその倍程度で6回としました。

また、時間指定ができないため不在率は高くなると考えられます。単身の学生や社会人は日中は不在であることが多く、一度で受け取れないことが比較的多いと考えて不在率は60%。一般世帯では住んでいる人が多いため不在率が半減すると考え、30%と置きました。

年間の総再配達件数を推定する

総再配達数を算出する式に各数値を代入し、実際に総再配達数を計算します。

年間の総再配達件数
= （A）宅配便の再配達件数 ＋ （B）書留郵便の再配達件数

（A）＝世帯数×宅配ボックスがない割合×年間の宅配数
　　　　×不在率×平均再配達回数
　　＝（1,500万×0.6×20×0.3＋3,500万×0.8×25×0.15）×1.1
　　≒1.75億件

（B）＝世帯数×年間の書留郵便数×不在率×平均再配達回数
　　＝（1,500万×3×0.6＋3,500万×6×0.3）×1.1
　　＝9,900万件
　　≒1億件
※（A）（B）ともに、単身世帯と一般世帯に分けて計算

となるため、総再配達件数は約2.75億件と推定できます。
以上となります。ありがとうございました。

面接官とのQ&A

Q 2.75億件という再配達件数は現実的だと感じますか?

A 簡単に計算すると1日あたり75万件強であり、20〜60代の人口が約5,000万人であるとすると、約1.5%の人が再配達となっていることになります。1人あたりで考えると50日に1回程度再配達を発生させる(365日×1.5%=年間5.5回、365日÷5.5回≒66日/回)ということですので、特に違和感のある数値ではないように思います。

Q より精緻な値を推定する場合、どのあたりを工夫しますか?

A 最近では置き配指定や駅周辺の宅配ボックス、コンビニでの受け取りなど、再配達を減少させるための取組みも行われていますし、書留郵便に関しては送り手が到着予定日時を通知する場合もあると思います。したがって、これらの要素を考慮するとより精緻な値になりそうです。

Q 再配達件数を減らすにはどのような施策が考えられますか?

A 実際に施策は進められていますが、不在率を減らすことと、不在であっても配達を完了できる仕組みを整えることが重要です。前者に関しては配達前の通知が効果的と考えます。誰しも出来ることなら一度で宅配便や書留郵便を受け取りたいので、いつ届くかが事前通知されれば人々は在宅していようとすると思います。また、後者に関しては、宅配ボックスの積極的な導入や、置き配指定の利用促進、宅配時のみマンションのオートロックドアを通過できるシステムの開発やルールの整備などが効果的だと考えます。

Q7

現在、日本にはコンビニが
何軒あるか
推定してください。

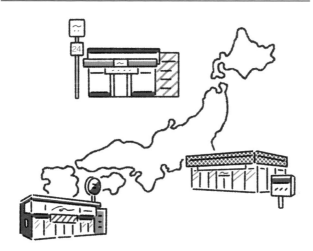

・回答のヒント・・・・・・・・・・

→ コンビニを利用することを思い浮かべて、どのような場所にどのくらいの間隔で立地しているか考えましょう。

→ コンビニは全国各地にありますが、日本には人々が居住していない土地が多くあります（日本の森林率は7割と、先進国でトップクラスの森林大国と言われています）。

→ コンビニの密集度合いは、都市部と地方部で異なるので、場合分けをして考えてみましょう。

→ 国土面積を起点に、コンビニの軒数を推定する
推計に利用できそうな情報を日常的な景色の中から選び取り、ロジックを組み立てましょう。

コンビニの軒数を推定するアプローチを共有する

今回、私はコンビニの軒数を、次のように求めます。

$$\text{コンビニの軒数（軒）} = \text{コンビニがあるエリアの面積（km²）} \times \text{単位面積あたりのコンビニの軒数（軒/km²）}$$

まず、コンビニがあるエリアの面積については、国土面積を**人が居住するエリア**と居住していないエリアに分け、後者にはコンビニがないと仮定します。

人が居住しているエリアでも、場所によってコンビニの軒数もバラつきが見られるため、次のように**都市**と**地方**に分けて考えます。

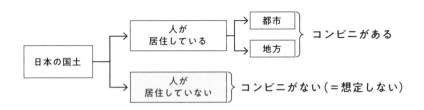

次に、単位面積あたりのコンビニの軒数については、次の図のようにコンビニ間の距離をL kmと仮定すると、L^2km²に1軒のコンビニがあると考えることができるので、1km²あたりのコンビニ軒数は、$1/L^2$と設定できます。

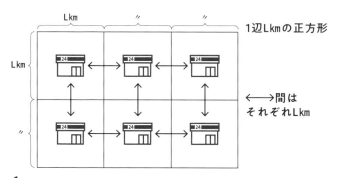

$\dfrac{1}{L^2}$：単位面積あたりのコンビニの軒数（軒／km²）

具体的な数値を設定し、コンビニの軒数を推定する

　日本の国土面積はおよそ40万km²。このうち、人が居住しているエリアは国土の半分にあたる20万km²と仮定します。さらに、都市は1割、地方は9割を占めるとすると、**都市は2万km²、地方は18万km²**と計算できます。

　次に、コンビニ間の距離を考えます。私の経験を踏まえて都市では徒歩圏にコンビニは立地していると考えて0.5km、地方は自動車で5分程度移動すればコンビニに行けると考えて4kmとします。

　この時、単位面積あたりのコンビニ軒数は、次のように求まります。

都市——1／（0.5×0.5）＝4（軒／km²）

地方——1／（4×4）≒0.06（軒／km²）

　以上より、都市のコンビニ軒数は8万軒、地方のコンビニ軒数は約1.1万軒と求まります。よって、日本にあるコンビニの数はおよそ9.1万軒と推定します。

　以上となります。ありがとうございました。

面接官とのQ&A

Q 面積からコンビニの軒数を推定しようと考えた理由を教えてください。

A 私の家から駅まで歩くと数軒のコンビニを通り過ぎます。この距離感を念頭にして、コンビニが一定の間隔で並んでいると仮定すれば、面積あたりのコンビニ軒数が求まると考えたためです。なお、私は東京に住んでいますが、人口が少ない地方の場合はコンビニの密集度合いは東京より低くなることが考えられます。そこで、日本の国土面積のうち、人が居住しているエリアを都市と地方に分け、それぞれのコンビニの密集度合いを考えることで日本全体のコンビニの軒数を推計できると考えました。

Q 都市部と地方部とは、どのように区分けされたのでしょうか?

A 都市は人口ランキングが上位10%に入る市区町村、地方はそれ以下の90%の市区町村を想定しました。

Q 今回の推定について、現実と乖離しそうな点があるとすれば、どこだと思いますか?

A 今回の推定では、都市と地方の比率や、コンビニ間の距離について私の感覚的な数値を用いているので、ここで生じる現実との乖離が大きそうです。特に、コンビニ間の距離は単純化のために都市で0.5km、地方で4kmとしましたが、この2つの数値の差が大きく、推計結果を大きく左右しそうです。私の推計では、人口上位10%の市区町村に全体の約90%のコンビニがあるという結果になりましたが、偏在している傾向が強すぎるので、少し違和感を覚えています。実際には、都市と地方のコンビニ軒数の差はそこまで大きくない可能性が考えられます。

Q8

今、この瞬間に
何個の野球ボールが
浮いているでしょうか?

■回答のヒント・・・・・・・・・

→ 「いつ、誰が、どうしている時に浮いている野球ボール」の数を推定するのか、推定対象を明確にしましょう。

→ 浮いている野球ボールの数はよくわからないので問題のとらえ方を変えて、「今、野球をしている人はどの程度いるのか」「1人あたり何個のボールを浮かせているのか」と分解して考えてみましょう。

→ 野球をしている人の中には、プロ野球選手もいれば、部活動の学生やバッティングセンターで遊んでいるような人もいます。推定の範囲も明確にしましょう。

・・・回答のポイント・・・・・・・・・・・・・・・・・・・・・・・・・・・・・・・・・

→ **浮いている野球ボールの場面を想像し、個数が多いところに絞って推定する**

推定する野球ボールは「いつ、誰が、どうしている時に浮いている野球ボール」なのかを明確にしましょう。

・・

推定対象を明確に定める

まず、「今、この瞬間に浮いている野球ボール」について、次のように具体化したうえで、推定を始めたいと思います。

日時	5月のある平日の夕方4時
エリア	日本国内
野球ボールの種類	硬式、軟式は問わない ※ソフトボールは除く
浮いている野球ボール	誰かが投げる、打つ、とる動作をする前後で使用されている野球ボール

「浮いている野球ボールの数」を分解する

浮いている野球ボールの数は、大まかに「野球をしている人数」と「1人が浮かせている野球ボールの数」に分解できます。

浮いている野球ボールの数
= （A）野球ボールを使用している人数
 ×（B）1人が浮かせている野球ボールの数

ここで、（A）野球をしている人数に関しては、①プロ野球選手の人数、②野球の部活動に所属する学生の人数、③その他の一般人の人数の3つに分類できます。

しかし、プロ野球選手の人数は学生や一般人に比べて非常に少なく、全体の数字に大きく影響しないものと考え、今回は考慮しないことにします。

また、（B）1人が浮かせている野球ボールの数に関しては、野球ボールが使われているシチュエーションによって異なることが想定されます。具体的には、①試合、②練習、③公園でのキャッチボールやバッティングセンターなどでの娯楽の3つに分類できます。

学生は平日の夕方にはほとんど試合をしないことが想定され、一般人も試合の数自体が少ないことから、試合中に浮いているボールの数は推定しないことにしました。同様に、一般人が平日の夕方に練習することもほとんどないため、推定しないこととします。

また、娯楽については、平日の夕方にキャッチボールをしている人は少ないと考え、今回はバッティングセンターで浮いている野球ボールに絞って推定したいと思います。

以上をまとめると、今回の問題は「野球を練習している学生」「バッティングセンターなどで遊んでいる学生や一般人」に場合分けして推定するとよいと考えました。

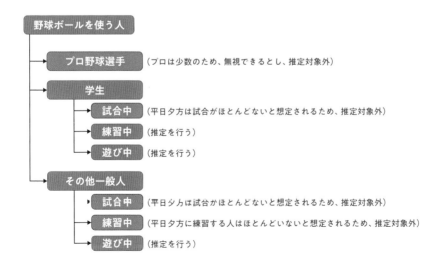

「練習中の学生」と「遊び中の学生と一般人」に分けて推定を行う

(1) 練習中の学生

日本には小学生が600万人、中高生が600万人、大学生が200万人、合計1,400万人の学生がいるとします。

ここで、小学生のうち運動系クラブに入る生徒の割合を4割とし、運動系クラブの中で野球を選ぶ割合を3割とすると、小学生の野球人口は

$$600万人 \times 0.4 \times 0.3 = 72万人$$

となります。

また、中高生はクラブに所属する人も増えるため、運動系クラブに入る生徒の割合を5割とします。クラブの選択肢が増えることを想定して、野球を選ぶ割合は2割とします。このとき中高生の野球人口は

$$600万人 \times 0.5 \times 0.2 = 60万人$$

となります。

大学生はアルバイトの選択肢も増えるので、運動系クラブに入る学生の割合を1割とし、野球を選ぶ割合は変わらず2割とします。このとき、大学生の野球人口は

$$200万人 \times 0.1 \times 0.2 = 4万人$$

となります。以上より、学生の野球人口は

$$小学生72万人 + 中高生60万人 + 大学生4万人 = 136万人$$

と推定できます。このうち、ある平日の夕方に練習している学生の割合を半分と仮定すると、約70万人が野球の練習中であると推定できます。

　次に、1人が浮かせている野球ボールの数を求めます。練習時間は平均3時間と想定します。そのうち

- 1時間はストレッチや走り込みでボールを使わない
- 1時間は2人で1個のボールを使っている
- 1時間は試合形式で浮いているボールの数は無視できる

と仮定します。2人で1個のボールを使用する場面はキャッチボールなどが考えられますが、今回の想定では、ボールは10秒間で1秒だけ浮いていると仮定します。

　よって、1人が浮かせている野球ボールの数を次のような式で推定できます。

　　1人が浮かせているボールの数
　　＝1/3（ボールを使う練習の割合）×1/2（使用するボールの数／人）×
　　　1/10（ボールが浮いている割合）
　　＝1/60（浮かせているボールの数／人）

　以上より、学生が練習している場面において浮いている野球ボールの数は

　　70万（人）×1/60（浮かせているボールの数／人）≒1万1,700個

と推定できます。

（2）遊び中の学生と一般人
　ここでは、平日の夕方に娯楽として野球ボールを使う場面のほとんどは、

バッティングセンターでのプレイであると仮定し、バッティングセンターの施設数と利用率から浮いている野球ボールの数を推定します。

　私の地元は人口約10万人の市でしたが、市内にバッティングセンターは1つしかありませんでした。これが全国でも平均的な割合だと仮定すると、日本の人口はおよそ1億2,000万人なので、バッティングセンターは1,200施設あると推計できます。さらに、1施設あたり10人まで遊戯可能で、平日夕方の稼働率を5割と仮定して、遊んでいる人数を次のように推定します。

1,200（施設）×10（人／施設）×0.5（稼働率）＝6,000(人）

　1人が浮かせているボールの数は、1人で1個のボールを使い、10秒に1秒浮いているとして、次のように推定します。

1（使用するボールの数／人）×1/10（ボールが浮いている割合）
＝1/10（浮かせているボールの数／人）

　以上より、娯楽として野球ボールを使う場面で浮いている野球ボールの数は

6,000（人）×1/10（浮かせている数／人）＝600個

　よって、「今、この瞬間に浮いている野球ボールの数」は、

1万1,700＋600≒1万2,000（個）

と求まりました。以上となります。ありがとうございました。

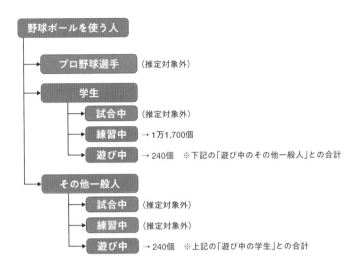

回答の補足

今回は、「(1)練習中の学生」と「(2)遊び中の学生と一般人」が浮かせているボールの数が、全体のうちの大きな割合を占めると想定して推定しましたが、結果的に(2)の割合は(1)と比べて非常に小さくなりました。

推定開始時に除外できるのがベストですが、本番ではこのような状況も起こり得ます。計算後にほかの数字と横並びにして比較しないと気づかない場合もありますが、状況に応じて推定の軌道修正や面接官への説明ができるようにしましょう。

面接官とのQ&A

Q 休日を前提とした場合、浮いている野球ボールの数はどうなると思いますか?

A バッティングセンターの利用率が増えることが考えられますが、それ以上に、今回ボリュームとして大きかった練習中の学生の数が試合などで減り、全体として浮いているボールの数は少なくなると考えます。具体的には、練習中の学生のうち1割が試合をしていると仮定すると、浮いている数が1,200個減ると計算できます。

Q 「浮いているボールの数」について、ほかの球技と比べた場合、野球にはどのような特徴がありますか?

A 重要な観点は①競技人口、②1つのボールを扱う人数、③ボールを浮かせている確率の3つだと思います。野球の特徴として①は他の球技よりも多いと考えられます。②については、たとえばテニスよりは多く、サッカーよりは少ないと考えられます。③については、ボーリングより大きく、バレーボールより小さいと考えます。

Q 問題を変更し、「野球ボールの年間購入数を推定してください」と言われたら、どのように推定しますか。

A 今回のアプローチを応用し、野球ボールが購入される場面を、①プロ野球、②学生の部活動、③バッティングセンターに分けて推定するのがよいと考えます。①②は1団体あたりの所有数、③は1施設あたりの所有数を想定し、それぞれの買い替え期間を設定して購入数を推定できると考えます。

工事現場で利用されている ショベルカーの国内市場規模 を推定してください。

※一般的なショベルカーの1台あたりの平均単価は500万円、耐用年数は10年と想定して構わない。

回答のヒント

→ ショベルカーは、どのような工事現場で稼働しているのか、具体的にイメージしましょう（建物を建てるとき、道路工事のときなど）。

→ ショベルカーが稼働しているような工事の件数は、年間どの程度あるのか考えてみましょう。建設工事の件数であれば、住宅やオフィスが国土面積のどの程度の割合を占めていそうかを検討してみるとよいかもしれません。

→ 工事現場でショベルカーはどの程度稼働しているのか具体的に想定しましょう。

→ **最初から推定対象に直接アプローチせず、周辺から攻めていく**
ショベルカーが主に利用されている工事現場を明確にし、年間の工事
件数を推定することで、日本にあるショベルカーの台数を求めよう。

どこで、どのように使われるのかの認識を合わせる

今回、国内における1年間のショベルカーの販売額を市場規模として推
定します。

ショベルカーの用途として、地面を掘ることや整地すること、建物など
を解体することがあります。ただ、道路工事では、人の手でアスファルト
を破壊してタンクローリーで整地している現場もよく見かけることから、
すべての現場でショベルカーが必要とは考えにくいです。

したがって、今回は単純化のため、建設現場で用いられるショベルカー
に焦点を絞って市場規模を推定します。

建設工事件数を定量的に捉え、ショベルカーの需要規模を押さえる

まず建設現場について、日本の国土は約40万㎢、そのうち都市部の面
積は約半分とされているので、日本の都市部の面積を20万㎢とします。

また、空地や道路、田畑など建物以外の場所が都市部にもあることから、
都市部に占める建物の面積は全体の半分と仮定して10万㎢とします。

これらの建物が建つ用途地域の大半は長期間にわたって建物が建設され
てきたと仮定すると、建物の建て替え年数を40年としたときに、新規に
建設が行われる土地は平均で

10万㎢ ÷ 40年 = 2,500㎢/年

となります。また、現時点で取り壊す建物については、再開発が頻繁に

行われる前の木造の住宅やアパートが多いことから、建物1棟あたりの面積は

200㎡＝0.0002㎢

（1㎢＝1,000m×1,000m＝1,000,000㎡）

程度と仮定します。すると、年間に建て直しのための取り壊す物件数は

2,500㎢／年÷0.0002㎢／件＝12,500,000件／年

→年1,250万件

と求められます。

次にショベルカーが1年間に処理できる物件数を求めます。

1件の取り壊しに1週間ほどショベルカーを使用し、ショベルカーは50％の稼働率で活用していると仮定すると、1年間（52週間）でショベルカー1台あたり26件（52×0.5で計算）の物件を処理できると計算できます。

以上より、日本にストックされているショベルカーの台数は

1,250万件÷26件／台≒50万台

と求められます。

また、いただいた情報から、ショベルカーの単価を500万円、耐用年数を10年と仮定すると

50万台×500万円／台÷10年＝2,500億円／年

と国内市場規模を推定できました。

以上となります。ありがとうございました。

面接官とのQ&A

Q 今回はショベルカーの使われる場面を起点に推定されていましたが、そのアプローチを選択した背景を教えていただけますか？

A ショベルカーの主な利用主体は個人ではなく企業であるため、ショベルカーを使用する企業数や、1社あたりのショベルカーの所有台数などを推定することが困難だと感じました。そこで、国土面積など、私の知っている数値を活用してショベルカーが使われる場面（工事件数）を概算することで、より合理的にショベルカーの市場規模を推定できると考えました。

Q 推定していただいた国内市場規模は、10年後にどのように変化すると思いますか？

A 10年後の国内市場規模は横ばいと考えます。今回、市場規模は「年間の販売台数×ショベルカーの単価」で計算しました。販売台数は、日本の人口減少や都市のコンパクト化に伴う物件数の縮小から減少すると思います。一方、単価は近年の人件費や材料費の高騰に伴い上昇すると思います。縮小要因と拡大要因のどちらが勝るかを現時点で判断することは難しいですが、これらの要因が打ち消し合い市場規模は横ばいに近いままになると推測します。

Q 今回の推計の精度を高めるために何か1つ調査ができるとしたら、どのようなことを行いますか？

A 実際の建築・開発の件数に関する統計値を調査したいです。今回は国土面積をもとに建物の工事件数を概算しましたが、住宅着工統計などの建設に関する統計を用いることができれば精度を高められると考えています。

キャンプに関連する市場規模を推定してください。

・回答のヒント・・・・・・・・・・・・・・・・・・・・・・・・・・・・・・・・・・

→ キャンプに関連する市場は、大まかに「キャンプ場の市場」と「キャンプ用品の市場」に分解できそうです。

→ キャンプ場の利用客数は、キャパシティ起点（キャンプ場を利用できる最大人数）で推定しましょう。

→ キャンプ用品は安価なものから高価なものまで幅広いです。適宜、場合分けをして検討しましょう。

→ キャンプ関連市場を事業単位で分解し、個別に推定する

キャンプに関連する事業を整理し、個々の市場規模を推定して合算しましょう。

キャンプ関連市場について、推定の範囲を明確にする

まず前提として、推定の対象とする「キャンプ関連市場」について定義します。

キャンプに関連する事業は、キャンプ場を運営し利用料を得る**施設運営ビジネス**と、キャンプで用いる専用の道具を製造・販売する**キャンプ用品ビジネス**の大きく2つに分けられます。今回はこの2つの国内における市場規模をそれぞれ推定します。

なお、「キャンプ場」というと、山林の中でテントを張って行う一般的なキャンプ場だけでなく、グランピングなども該当すると思います。

今回の検討では、国内における前者の一般的なキャンプのみを対象とします。

キャンプに関連する事業の市場規模
＝①キャンプ施設運営の市場規模＋②キャンプ用品の市場規模
※①にグランピングなどは含まないものとする

各々の市場規模について、納得感のある推定方法を検討する

次に、各市場規模の推定方法について、実際に自分や周囲の人がキャンプに行った経験などをもとに検討します。

①**キャンプ施設運営の市場規模**については、

国内全てのキャンプ場の年間利用客数×平均単価

で算出できます。

年間利用客数を求めるにあたっては、キャンプ場の数とキャパシティ（キャンプ場の最大収容人数）を用いたアプローチで、推定します。

①キャンプ施設運営の市場規模
＝国内キャンプ場の年間利用客数×平均単価
＝国内キャンプ場の数×キャンプ場の平均的なキャパシティ×
　稼働率×営業日数×平均単価

キャンプ場の数を求めるにあたっては、日本全体の国土面積を起点に算出します。

一般的にキャンプ場といえば山林地域に多くあるイメージですが、それ以外の地域においても大型公園などにキャンプ施設が併設されているケースもあります。

このように、山林地域とそれ以外ではキャンプ場の数や、存在している密度が異なると考えたため、以下のように場合分けして検討します。

国内キャンプ場の数
＝日本の山林地域面積×山林地域におけるキャンプ場の密度＋
　日本の山林地域以外にある大型公園などの数×キャンプ場が併設され
　ている割合

次に、②キャンプ用品の市場規模ですが、

国内のキャンプを楽しんでいる人口×1人あたりの平均購入金額

で求められると思います。

また、キャンプを楽しんでいる人口については、国内キャンプ場の年間利用客数を1年あたりの平均来場回数で割ることで推定します。

　キャンプへの関心が強いコアユーザーと周囲に誘われて来場するような
ライトユーザーでは、1人あたりのキャンプ用品購入額やキャンプ場への
平均来場回数が異なることも考慮して検討します。

②キャンプ用品の市場規模
＝国内のキャンプを楽しんでいる人口×1人あたりの平均購入金額
＝国内全てのキャンプ場の年間利用客数÷1年あたりの平均来場回数×
　1人あたりの平均購入金額

｜ 推定に必要な各変数を概算する

　ひと通りの推定方法が定まりましたので、推定に必要な各変数の値を概
算していきます。

　①キャンプ施設運営の市場規模については、初めに、国内におけるキャ
ンプ場の数を考えます。
　山林地域のキャンプ場数の算出にあたっては日本の国土面積は約40万㎢、
今回はその約2/3である25万㎢が山林地域とします。
　また、山林地域でキャンプ場の存在する密度を考えてみると、自分が実
際にキャンプ場を訪れた経験から、10km四方に1つ程度の割合でキャンプ
場が立地していると考えます。
　次に、山林地域以外のキャンプ場数については、都道府県ごとに、キャ
ンプ場が併設可能な規模の大型公園や原っぱ、レジャー施設などが平均し
て20ヵ所存在していると仮定します。
　また、その中でも30%程度がキャンプ場を併設していると考え、以下
のように算出しました。

国内のキャンプ場の数
＝日本の山林地域面積（25万㎢）×キャンプ場の密度（1/100㎢）＋
　大型公園などの数（20ヵ所）×47都道府県×

キャンプ場が併設されている割合（30%）

≒2,500＋300

＝2,800ヵ所

　次に、施設運営の市場算出に必要な各変数ですが、以下のように設定します。

・キャンプ場の平均的なキャパシティ＝30組
・稼働率＝30%
・営業日数＝200日　　※冬期3ヵ月程度は休業、月20日程度の営業
・平均単価
　　＝1組の平均人数（3名）×1人あたり単価（1,000円）
　　＝3,000円

　キャンプ場のキャパシティについては、自分がキャンプ場を訪れた経験から大型のものは100組以上、小型だと5〜10組程度、平均すると30組程度が妥当だと考えます。
　1組あたりの平均単価に関しては、1組の平均人数をソロやファミリーなどのグループでの利用シーンを鑑みて3名程度、1人あたり単価を1,000円と仮定します。
　このような想定のもと、①キャンプ施設運営の市場規模は150億円と推定します。

①キャンプ施設運営の市場規模
＝国内キャンプ場の数（2,800ヵ所）×
　キャンプ場の平均的なキャパシティ（30組）×稼働率（30%）×
　営業日数（200日）×平均単価（3,000円）
≒国内キャンプ場の年間利用客数（約500万人）×平均単価（3,000円）
＝150億円

次に②キャンプ用品の市場規模については、以下のように変数を設定します。

・1年あたりの平均来場回数＝2回
・平均単価＝約25,000円

1年あたりの平均来場数は、コアなキャンプファンが何度もリピートしている一方で、誘われたら年に1回程度行くライトユーザーも多いと想定し、2回とします。

また、平均単価に関しては、キャンプ用品は高価なものも多いため、2万5,000円と仮定します。

このような想定のもと、キャンプ用品の市場規模は625億円と推定します。

②キャンプ用品の市場規模
＝国内全てのキャンプ場における年間利用客数（約500万人）÷
**　1年あたりの平均来場回数（2回）×平均単価（約25,000円）**
＝625億円

以上の結果から、国内のキャンプに関連する市場規模は775億円と推定します。

国内キャンプ関連事業の市場規模
＝①キャンプ施設運営の市場規模（150億円）＋
**　②キャンプ用品の市場規模（625億円）**
＝775億円

以上となります。ありがとうございます。

面接官とのQ&A

Q キャンプ場の稼働率やキャンプ用品の平均単価について、数値設定の根拠を教えてください。

A キャンプ場の稼働率については、閑散期と繁忙期に分けたうえで、営業日は雪の降る3ヵ月間は閉業、週休2日を前提としました。

稼働率＝（閑散期10%×5ヵ月＋繁忙期50%×4ヵ月）÷9ヵ月≒30%

また、キャンプ用品の平均単価は、高価な商品を購入するコアユーザーを2割、安価で最低限のものを購入するライトユーザーを8割として、以下のように算出しました。

平均単価＝コアユーザー（10万円×全体の20%）＋ライトユーザー（6,000円×全体の80%）≒2万5,000円

Q 今回の推定方法以外だと、どのようなアプローチが有効でしょうか?

A 人口起点で推定する方法でも市場規模を推定できると思います。具体的には、人口をキャンプに対する関心度合いで分類し、セグメントごとにキャンプを楽しむ人口を算出します。しかし私は、キャンプに対する関心度合いについての具体的な感覚値が全くなく、こちらの方法ではかなりあやふやな推定になると感じました。

Q 今回、検討範囲から外したグランピングについては、どのように市場規模を推定すればよいと考えていますか?

A グランピング施設運営の市場規模については、基本的な考え方はキャンプ場と変わらず、「国内グランピング施設全体のキャパシティ×稼働率×平均単価」で推定できます。キャンプ場と比較して、単価が高い点には注意が必要だと思います。

選考突破のテクニック2

▼

3種のロジックツリー を使いこなす

　選考突破者はロジックツリーを活用し、自身の思考や面接官との議論内容を整理し、それを基にさらに自身の思考を広げたり、深めたりしています。

　ロジックツリーは、個々の情報の関係性を視覚的に整理する「構造化」を行うための有効なツールであり、使いこなすことができれば、ケース面接問題を突破する強力な武器となります。ここで理解を深めておきましょう。

Whatツリー、Whyツリー、Howツリー

　ロジックツリーは次の3つの種類があります。

　1つ目は、物事全体を個々の要素に分解して、物事の構造を捉える「Whatツリー（要素分解のロジックツリー）」です。

　物事全体に対して「それは何で構成されるのか?」と、Whatを繰り返しながら作成していきます。問題解決の初期における現状分析において、たとえば、経営環境の変化についてPESTLE分析（124ページ参照）のような切り口で分解したり、売上高を地域別や拠点別、客数×客単価などと分解したりすることが挙げられます。

　2つ目は、ある問題がどのような原因によって引き起こされたかを深掘

りしていく「Whyツリー（原因究明のロジックツリー）」です。

　ある問題に対して「なぜ、そうなったのか?」と、Whyを繰り返しながら作成していきます。こうすることで表出している問題の根本原因、すなわち、解決すべき本質的な課題を見出すことができます。

　3つ目は、ある目的に対して、それを達成する手段を具体化していく「Howツリー（対策立案のロジックツリー）」です。

　本質的な課題について、「いかに解決するか?」とHowを繰り返しながら作成していきます。最初は大まかな打ち手の方向性を洗い出し、次第に具体的なアクションへと打ち手の詳細を詰めることになります。

　ケース面接問題では、まず問題を要素分解して理解を深め、問題の背景にある原因を究明し、本質的な課題に対する打ち手を具体化していきます。その際に、これら3種のロジックツリーが武器になるでしょう。

Whatツリー　「それは何で構成されるのか？」
→問題を要素分解して理解する

Whyツリー　「なぜ、そうなったのか？」
→根本原因（本質的な課題）を見つける

Howツリー　「いかに解決するか？」
→本質的な課題に対する打ち手を具体化する

アイデアを発散し、ロジックツリーにまとめ、さらに広げ深める

　ロジックツリーによる構造化は、単なる情報整理に留まりません。まずは、ロジックツリーを作ることは意識せずに、自分のアイデアを洗い出してみます。そして、それを情報の粒度やMECE（モレやダブりがないか）を意識しながらロジックツリーにまとめます。

　情報の粒度を整える際には、「アイデアAとアイデアBは、要するに○○に関連することだな」などと、個々のアイデアを分類してみるとよいで

しょう。

　実際のところ、選考突破者であっても、この自分の発言や現状の思考を整理した段階でロジックツリーの活用を終えてしまう方がいます。しかし、面接官としては少し物足りない気持ちになります。**なぜなら、それはただ思いつきのアイデアを整理しただけであり、より良い仮説を導くために必要な視点が抜け落ちているかもしれないからです。**

　ロジックツリーにまとめたら、**「他に抜けている視点（全体を構成する他の要素、問題の背景にある他の原因、課題を解決する他の打ち手など）はないか?」**と思考を広げたり、**「より具体的に深掘りすること（物事や原因、打ち手の詳細化など）はできないか?」**と思考を深めたりすることを忘れないようにしましょう。

　1人で考えすぎずに、面接官とディスカッションしながら進めていきましょう。大事なのは、自分の思考には穴があることを自覚すること。面接官に現時点のロジックツリーを共有しながら、より質の高い問題解決を実現してください。

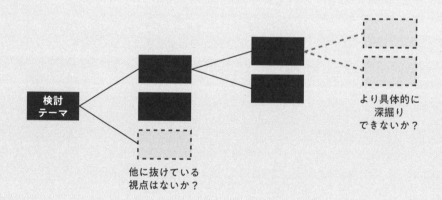

Part 2

ケース面接問題

Part 2 では、フェルミ推定問題と並んで頻出のケース面接問題について見ていきます。企業や政府、自治体が抱えている問題に対して、解決する打ち手を検討することになります。

これから解説する頭の使い方をマスターし、実際に有名コンサルティングファームで出題されたケース面接問題に挑戦することで、問題解決において最も重要な、論点を設定して仮説を立てながら思考する力を身につけることができます。

実に多様なケースがあるため、対策が難しいように感じる志願者も多いですが、共通する頭の使い方と出題パターンごとのテクニックを駆使すれば無理なく解けるようになります。

企業の問題解決（ビジネスケース）

　ビジネスケースは経営コンサルティングの仕事そのものであるため、実務に近い内容も多く、コンサルティングファームによっては直近のプロジェクトをもとに問題を作成しています。

　ビジネスケースは、大きく次の2つのパターンに分けることができます。

┃ パターン1 足元、向こう1～3年以内における問題解決

　パターン1は、たとえば「あるレストランの売上向上策を検討せよ」や「あるラーメン屋の新規出店戦略を考えよ」といった、既存のビジネスにおける問題解決に取り組むものです。

　面接官から詳細な前提を共有されることは少なく、志願者側でクライアントや足元の経営環境などを具体的にイメージし、解決策を検討していくことになります。

　たとえば、売上向上策を考えるケースでは、既存のビジネスモデルを踏まえてクライアントの売上はどのように生み出されているのか、売上を構成要素に分けながら改善余地を検討することになります。

　レストランの売上であれば「売上＝来店客数×客単価」と分解できます。

　さらに客数は営業時間帯ごとの客数や属性別（個人客・団体客、年齢別など）の客数、あるいは座席数、稼働率（どれだけ席が埋まっているか）、回転数（どの程度の時間でお客さまが入れ替わるか）、営業時間などに分解できます。

　客単価は客層ごとのメインメニューやサイドメニューの注文

状況といった要素に分けることができます。

　そうしたうえで、客数を増やし、客単価を改善する余地がどこにあるかを検討し、具体的にどのようなことに取り組めばよいかを提案する流れになります。

｜ パターン2 中長期、5〜10年後やそれ以上先の問題解決

　パターン2は、たとえば「ある個人経営の文房具店の中長期戦略を立案せよ」や「ある化粧品メーカーの新規事業を提案せよ」、「30年後の不動産業界を見据えた、ある大手デベロッパーの将来戦略を検討せよ」というように、中長期の時間軸を前提として、既存のビジネスの延長線上にはない企業変革や新規事業を検討するものです。

　「選考突破のテクニック」にて、ケース面接で応用しやすい新規事業を検討するポイント（183ページ〜）や将来予測の方法（166ページ〜）について解説していますが、共通して言えることとして、「この新規事業をしましょう」「30年後はこうすべきだ」と自身のアイデアだけを伝えるのではなく、そのように考えた理由とセットで提案することがポイントです。

　面接官が「他に検討すべき視点はなかったのか？」「なぜ、そのような提案に至ったのか？」と疑問に感じないように、検討すべき論点の全体像を示しながら、自身の思考プロセスをわかりやすく共有することが求められます。

公共の問題解決（パブリックケース）

　パブリックケースでは、主に政府や自治体がクライアントとなり、「世の中の食品ロスを40％削減するには？」、「小学生の読書量を増やすには？」、「東京都の通勤ラッシュを減らすには？」といった社会問題に関連するケースが出題されます。

　面接官からクライアントが誰であるかを明示されないこともあるため、まずはクライアント（課題解決に向けた打ち手の実行主体）を明確に設定する必要があります。

　また、いつまでに問題を解決すべきかという時間軸も曖昧な場合が多いため、「向こう3年以内」や「5～10年の中長期」といったように、時間軸を面接官と事前に共有します。

　そのうえで、「なぜ、このような社会問題が発生しているのか」や「社会問題を解決するためには何が最大のボトルネックになっているのか」、「課題に対して、クライアントはどのように取り組めばよいか」などと、社会問題を生み出し深刻化させている背景や構造を具体的に考え、クライアントが取り組むべき本質的な課題や実行できる効果的な打ち手は何かを検討する流れになります。

ケース面接問題を攻略する5ステップ

　より具体的に、ケース面接問題の検討手順を見ていきましょう。次の5つのステップを意識することで、難解な問題も自信を持って回答することができるようになります。

ポイントは、すぐに答えを出そうとしないことです。まずは
クライアントが置かれている状況を具体的にイメージし、与え
られた問題を解決するための課題を構造的に整理してから、本
質的な課題に対する打ち手を具体化していきましょう。

Step.1　クライアントの解像度を上げて、イメージを共有する

　パブリックケースではクライアントが誰かを明示されないこ
ともあるとお伝えしましたが、**ケース面接問題では全般的にク
ライアントの解像度が低いため、前提としてクライアントのイ
メージを具体化し、面接官と認識を合わせておく必要がありま
す。**

　たとえば、「あるレストラン」の売上向上策を検討するとして、
「地方にある個人経営のレストラン」と「大手ファミレスチェ
ーン」では課題や打ち手に対する仮説（自分が現時点で最もふ
さわしいと考える仮の答え）は異なってくるでしょう。

　仮に、志願者と面接官の間でクライアントのイメージが異な
っていれば、面接官は「なぜ、それが本質的な課題なのか？」「本
当に実行すべき打ち手はそれなのか？」と疑問に思い、円滑な
コミュニケーションが難しくなります。

　なお、ビジネスケースにおいてクライアントのビジネスモデ
ルが理解できない場合には、検討前に面接官に質問しましょう。
**「クライアントはどのような顧客に対して、どのような商品や
サービスを、いかに提供しているか」**について事前に理解して
おくことで、その後、具体的に課題を洗い出すことができます。

| *Step.2*「問題」を「課題」に落とし込む

　クライアントを具体的にイメージできたら、問題を深掘りしていきます。ここで「問題」とはありたい姿と現状とのギャップや表出している現象であり、「課題」とは問題を解決するために取り組むべきことを意味します。

　面接官は基本的に「問題」を提示するだけですので、問題から課題への落とし込みは不可欠です。ビジネスケースであれば、売上の要素分解や変化する経営環境の洗い出しと整理を行います。パブリックケースであれば、社会問題の背景にある課題の洗い出しや問題が発生するプロセスの整理を行います。

　課題を洗い出し、構造的に理解することが重要となります。**問題から課題への落とし込みをせずに打ち手を検討してしまうと、抽象度の高い提案や、他の課題の存在に気付いていない視野の狭い提案になってしまうので注意しましょう。**

課題の構造化

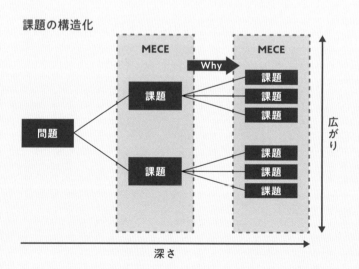

課題の構造化とは、「深さ」と「広がり」の双方を必要かつ十分に押さえ、課題の全体像を明らかにすること。最初からこのようなロジックツリーを作ろうとせず、まずは課題を洗い出し、その粒度を踏まえてモレやダブりのないように、いわゆるMECEに整理することがポイントです。

▎*Step.3* 本質的な課題を特定する

　問題を解決するための課題は数多く存在します。クライアントが限られたリソースの中で最大限の成果を上げていくためには、クライアントが置かれている状況を踏まえて、問題解決における本質的な課題を特定する必要があります。

　仮に、さまざまな課題に対して打ち手を検討しようとすれば、面接官から「クライアントにとって、何が最も重要な課題でしょうか？」などと質問を受けるでしょう（あるいは、面接官からの質問はほとんどなく、志願者による要領を得ない話が続き、面接時間が終了してしまう場合もあります）。

　この本質的な課題を特定する視点には、大きく次の3つがあります。

①深層要因：ロジックツリーの一番右に位置している原因

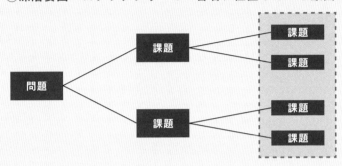

　①「深層要因」は、「問題はなぜ起きているのか」と Why を繰り返した先にある深層要因を本質的な課題とする視点です。

②悪循環：相互に絡み合い、悪循環に陥っている原因

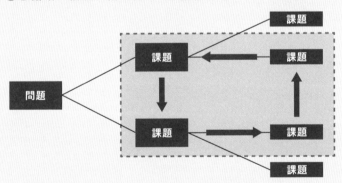

　②「悪循環」は、複数の課題が相互に絡み合い、悪循環となっている構造そのものを本質的な課題とする視点です。

③横断的：複数の局面で発生している、同じ内容の原因

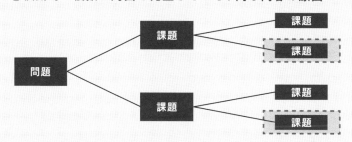

　③「横断的」は、たとえば、「新たなサービスを打ち出せていないから、客数は減っているし、客単価も上げられていない」といった複数の局面で発生している同じ内容の原因（新たなサービスを打ち出せていないこと）を本質的な課題とする視点です。

| Step.4 打ち手を洗い出し、優先順位を付ける

　本質的な課題を特定できたら、その課題解決に向けた打ち手を検討します。まずは、課題を解決するさまざまなアプローチやその具体的な内容を洗い出します。面接官からも「他に考えられる打ち手はありませんか？」「こういったアプローチは検討しましたか？」などと質問されることがよくあります。そのうえで、クライアントの限られたリソースを踏まえて、どの打ち手を講じていくべきかの優先順位を決めていきます。

　優先順位付けによく使われる基準としては、「実効性（インパクト）」「実現可能性（フィージビリティ）」「迅速性（クイックネス）」の３つがあります。すなわち、その打ち手は課題の解決にどの程度貢献するのか（実効性）、そもそも問題なく実

行できるのか（実現可能性）、準備や効果の発現にどの程度の時間を要するのか（迅速性）について評価し、優先度の高い施策は何かを明確にします。

志願者の中には、クライアントのリソースには限りがあることを想定せず、ありとあらゆる打ち手を提案される方がいます。しかし、これでは面接官はなかなか評価することができません。自身のアイデアを客観的に評価することなく、拙速に結論を出すようなことはしないようにしましょう。

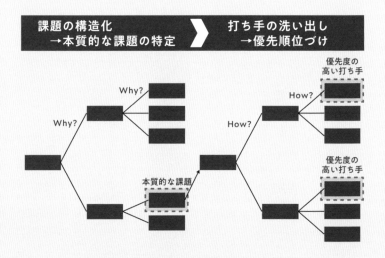

Step.5 提案内容を整理し、総括する

ケース面接問題では、面接官とのディスカッションや質疑応答をとおして自分が考えた課題や打ち手に対する仮説を磨いていくことになります。**面接を終える前に、「どのようなクライアントに対して、本質的な課題はどこにあり、その課題に対し**

てどのような施策を、いかに実行していくことを提案するのか」について1分程度で総括するとよいでしょう。

　「最後に、これまでの検討や○○さん（面接官）とのディスカッションを踏まえて、提案内容を総括してもよろしいでしょうか」などと切り出し、ポイントを再度伝えることができれば、面接官は志願者の思考プロセスや主張を改めて理解し評価しやすくなるだけでなく、他人（面接官）の意見を聴き、それを踏まえて提案内容を磨いていこうとする高い人間性やコミュニケーション能力を評価してくれるでしょう。

面接官が評価する3つの能力

　フェルミ推定問題と同じく、ケース面接問題においても論理的思考力や自身の考えをわかりやすく伝える説明能力、面接官から「一緒に働きたい」と思われるような素直さや高い人間性は評価されます。それらに加え、ケース面接問題に特有の評価ポイントとして次の3つがあります。

| 1. 論点思考

　一般的に、面接官は問題を提示するのみで、「問題解決に向けて、このようなことを検討してほしい」といった指示はないため、志願者から問題解決において検討すべき論点を提示し、問題解決の全体像を面接官と共有することが求められます。

　また、面接官とのディスカッションにおいても、面接官に確

認しておくべき論点は何か、面接官とともに議論すべき論点は何かを考えながら面接官に対して確認や質問を行い、議論を進行していくことが期待されています。一般的な面接のように、面接官からの質問に1問1答で回答するようなものでは決してないため、常に「論点は何か」を自ら考え、面接官と共有しながら議論をリードする主体性を持って臨みましょう。

| 2. 仮説思考

　仮説とは「自分が現時点で最もふさわしいと考える仮の答え」を意味しますが、ケース面接問題ではこの仮説を考えることができないと一歩も前に進むことができません。

　問題解決においては、大きく3つの仮説、すなわち、①クライアントが置かれている状況を適切に把握するためには、どのような切り口で分析すればよいか（**現状分析の仮説**）、②与えられた問題を解決するための課題にはどのようなものが存在し、その中でも特に重要で本質的な課題は何か（**課題設定の仮説**）、③本質的な課題に対する打ち手にはどのようなものがあり、クライアントのリソースや置かれている状況などを踏まえると優先度の高い打ち手は何か（**打ち手立案の仮説**）があります。

　これらは全て、唯一の正解があるわけではなく、企業経営の実務においても、限られた情報と自身の洞察から仮説を立てて、戦略を具体化し、実行と振り返りを繰り返します。

　プロのコンサルタントである面接官を前に、自分の仮説を伝えることは勇気のいることかもしれませんが、「私は、○○（仮説）のような理解から、クライアントは○○（仮説）から取り組むべきと考えました。この点について、さらに検討を進めて

もよろしいでしょうか？」などと面接官に仮説を共有し、ディスカッションしながら自らの仮説を磨いていくマインドで臨むとよいでしょう。

なお、実際のケース面接で見られる不十分な点として、何をもってその仮説を導いたのかが抜け落ちており、論理的に仮説を伝えられない方が多くいます。

仮説思考とは、単なる思いつきを発言することではなく、しっかりと状況分析を行い、一定の事実情報に基づいて論理的に考えられる仮の答えを設定し、それを実行、修正していく考え方です。しっかりと自分が認識している事実情報や前提を面接官と共有し、それを踏まえながら、どのような考え方で仮説を導いたのかを論理的に話すようにしましょう。

本書の問題に取り組む際にもぜひ意識してみてください。

┃ 3. 思考体力

ケース面接問題では、限られた時間で問題解決の進め方を考え、クライアントの現状や本質的な課題、優先度の高い打ち手に対する仮説を提示し、面接官とのディスカッションをとおして提案内容を磨いていくことになります。

途中で、面接官からは104ページのような問いがなされ、自分の思考を広げたり、深めたりしながら考え抜くことが求められます。

このような、物事をいかに多面的に深く考え続けられるかという思考体力は、ロジカルシンキングなどのスキルと同じくらい、いや、それ以上に実務では重要となってきます。

思考体力のある方は、高い集中力を維持して長時間考え続け

られるだけでなく、短絡的に答えを出さずに多面的に物事を見ようとすることから意思決定で失敗することも少なく、何より考え続けることが仕事であるコンサルティング業務にストレスを抱えすぎず、楽しみながら成果をあげることができます。

それゆえ、面接官はさまざまな質問をとおして志願者の思考体力を確認し、適職性を評価しています。

面接官の質問とその意図

「他には？」	志願者の思考を広げる問い。課題や打ち手を検討している際などに、志願者の思考や着眼点が偏っていると感じた場合に発言されることが多い。
「具体的には？」	志願者の思考を深める問い。志願者が回答した課題や打ち手の内容が抽象的でよくわからない場合に発言されることが多い。
「なぜ、そう考えたのか？」	志願者の主張の理由を確認する問い。自分のアイデアだけを先行して発言しているような場合に、その背景や問題解決における意義や効果などを確認するために発言されることが多い。
「要するに？」	志願者の思考を整理する問い。志願者が論点や仮説を提示せずに自分の考えをまとまりなく発言しているような場合に、思考を整理してもらうために発言されることが多い。

ケース面接問題に特有の評価のポイントは3つ

論点思考	問題解決において検討すべき論点を設定し、全体観をもって複雑な問題の**本質に迫る力**
仮説思考	本質的な課題や実行すべき打ち手などに対する**「現時点の答え」を設定する力**
思考体力	面接官と議論しながら、自分の思考を広げたり深めたりする**粘り強く考える力**

Q11

個人経営のアイスクリーム店の売上向上策を考えてください。

回答のヒント

→ ショッピングモールに入るような大手チェーンなどではなく、個人経営のアイスクリーム店がクライアントになっている点に注意しましょう。

→ アイスクリームの売上について、構成要素を考え、整理してみましょう。

→ アイスクリーム店の利用客は、クライアントのお店の何に価値を感じてやってくるのかを考えてみましょう。

→ クライアントが提供している本質的価値を見極める
アイスクリーム店が来店客にどのような価値を提供しているのかを考え、より本質的な価値を起点として新しいサービスを提案しましょう。

クライアントを具体的にイメージし、売上を要素分解する

　私は、今回のクライアントは地方で長年経営しており、近年売上が伸び悩んでいる老舗のアイスクリーム店とします。来店客は店内のイートインスペースでアイスクリームを食べたり、テイクアウトもできたりするイメージです。

　売上向上策を検討する前に、アイスクリーム店のビジネスの特徴に着目しながら、売上を次の要素に分けてみます。

アイスクリーム店の売上（年間）
＝アイスクリーム販売個数（月平均）
　　×アイスクリーム平均単価×12カ月
＝毎月の客数×1人あたりのアイスクリーム購入個数
　　×アイスクリーム平均単価×12カ月

クライアントが提供する本質的価値を把握し、売上の構成要素ごとに改善可能性を検討する

売上の構成要素ごとに改善の可能性を検討するうえで、クライアントが提供している「価値」を明確にしたいと思います。

私は、お客さまがアイスクリーム店に足を運ぶ目的は、単にアイスクリームを味わうことに限らないと考えています。具体的には、「何か甘いものを食べて休憩したい」といったニーズこそが、多くのお客さまの来店動機になっているのではないでしょうか。こうしたクライアントの提供価値[2]を念頭に置きつつ、売上向上の方向性を検討していきます。

まず、売上の構成要素の1つである**客数**については、一般的な店頭での販売以外の手段（ECサイトの活用など）を講じることで新たなお客さまを獲得できると考えます。

また、もう1つの要素である**商品の単価**について考えると、クライアントは老舗のアイスクリーム店であることから、急激な値上げは既存のお客さまから嫌がられる可能性があります。ただ、既存の商品の値上げが難しい一方で、高価格帯のプレミアムアイスクリームやトッピングを導入するような施策は考えられます。

2　提供価値とは、「ウォンツ」やその背景にある「ニーズ」などを押さえたうえで見えてくる、企業が顧客に対して提供できる"本質的価値"のことを指します。今回の場合では、お客さんの「アイスクリームを食べたい」という感情がウォンツに該当し、その背景にある「休憩したい」「涼しくなりたい」といった欲求がニーズに該当します。そのうえで、こうしたウォンツやニーズを充足するために、企業が本質的に備えるべき価値が提供価値となります。

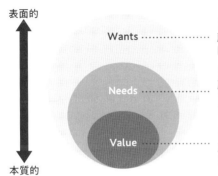

表面的

【ウォンツ】
Wants ……………… 顧客が何を求めているか
「アイスクリームを食べたい」

【ニーズ】
Needs ……………… 顧客にどんな欲求が生まれているか
「暑いので涼しくなりたい」
「疲れたので座れる場所で休憩したい」

【提供価値】
Value ……………… 顧客に対して店が提供できる価値とは
「甘いもので休憩するひと時を提供する」

本質的

　さらに、アイスクリームという商品の特性上、**冬季における売上の減少**についてもテコ入れできる部分がありそうです。もちろん夏に比べれば冬にはアイスクリームの魅力は減るのかもしれませんが、それでも冬にもアイスクリームを食べたくなる場面は存在するはずです。

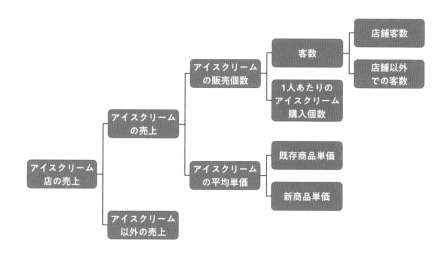

｜ 売上向上施策を具体化し、提案する

　以上を踏まえて、私は次の3つの売上向上策を提案します。

　1つ目は、「カフェのような空間づくり」です。"何か甘いものを食べて休憩したい"といったお客さまの真のニーズを起点として、カフェのような要素を取り入れたアイスクリーム店舗へ変わることを提案します。

　具体的には、既存のイートインスペースをより心地よい空間に変えるよう店舗のレイアウトを見直したり、コーヒーなどのドリンク類を充実させたり、その他のスイーツを開発したりする施策です。

　これにより、**1人あたりの単価向上や新しい客層の獲得**が期待できます。また、これらの施策は**冬季における売上の低下を抑える**ことにも有効と考えます。

　2つ目は、「販売チャネルの多様化」です。店頭販売だけではなく、EC

サイトや近隣のスーパー、コンビニなどでの販売といったチャネル（販路）の多様化を進めることで、**新規のお客さまとの接点を獲得し、販売個数を増やす**という提案です。

特に、ECサイトを通した販売は口コミを広めることにも有効であるので、味が強みの老舗アイスクリーム店であれば、実際に来店して商品を購入してくれるお客さまが増えるという効果も見込めます。

最後は、「プレミアムアイスクリームの開発」です。高価格帯の商品を複数投入し、プレミアムラインとして打ち出すことで、**単価の上昇を狙い**ます。

1つ目の施策によって、店舗レイアウトがより洗練されたものとなり、高価格帯の商品を選択してくれるような客層を取り込むことができていれば、**客数と商品単価の相乗効果**も期待できます。

その他、抜本的には、たとえば店舗数を増やすなどのプランも検討可能です。そうした規模拡大によって、ブランドの浸透も図られ、さらなる新商品開発や、より洗練された高級カフェの店舗開設なども構想できるでしょう。

以上となります。ありがとうございました。

面接官とのQ&A

Q 3つの施策のうち、より優先度が高いものはどれでしょうか？

A 最も重要なものは、「カフェのような空間づくり」と考えます。これは本質的価値を起点に実施する施策であり、客単価の向上と新規顧客の獲得の双方に貢献し、売上拡大に与える影響は大きいと考えているからです。また、この施策を通じてクライアントのブランド力が向上すれば、その他の「販売チャネルの多様化」や「プレミアムアイスクリームの開発」といった施策の効果も高まります（ECサイトやスーパーでの取扱拡大、プレミアムアイスクリームの需要拡大など）。

Q 施策実行の費用について、どのようなものが考えられますか？

A 店舗の改装や多様な販売チャネルへの営業活動、新商品開発などの費用が発生します。通常業務を滞らせないことを前提とすれば、従業員採用による人件費の増加も想定されます。ただ、クライアントによるアイスクリームの供給能力を踏まえれば数多くの販売チャネルを開拓する必要はなく、新商品開発においても既存のノウハウが活かせることから、施策の実現可能性は高いと感じています。

Q カフェのような癒しの空間をつくった場合、顧客が長居することで回転率が低下し、売上が落ちてしまうようなことはないでしょうか？

A 確かにカフェとなると従来よりも長居される可能性は高くなりますが、クライアントの立地場所は郊外ということで、都心にある場合ほど回転率を重視したビジネスモデルとはならないはずです。とはいえ、たとえば勉強禁止の掲示を行うなどして、不必要な回転率の低下を抑える打ち手を講じるとよいかもしれません。

▼

「売上向上5つの方法」と 「売上の要素分解」

　マーケティングの世界では有名な話ですが、そもそも売上を向上するには次の5つの方法しかありません（「売上5原則」とも呼ばれています）。

①新規顧客を増やす

　新たなエリアに出店する、潜在顧客への営業を強化する、成約率の高い顧客セグメントに集中する、新規事業を立ち上げるなど

②既存顧客の流出を減らす

　サブスク契約で囲い込む、ポイント制度を設ける、アフターサービスを充実するなど

③購入頻度ないし来店頻度を上げる

　お得な情報発信などで顧客との継続的なコミュニケーションを図る、顧客の購入履歴から興味のある商品を提案するなど

④購入点数を増やす

　追加オプションを充実させてセット販売を提案する、クロスセル（ある商品の購入を検討している顧客に対して別の関連商品も提案する営業手法）を実施するなど

⑤購入単価を上げる

　他社と差別化された商品を開発する、商品の提供方法やアフターサービスを差別化して商品の価値を高める、商品単価の高い市場で売る（日本→アメリカで販売する）など

　売上向上の5つの方法は、検討対象である「未来の売上」を次のように分解することで説明できます。

> 未来の売上＝(A)未来の客数×(B)未来の客単価
> (A)未来の客数
> 　　＝現在の既存顧客＋未来の新規顧客−現在の既存顧客の流出
> (B)未来の客単価
> 　　＝未来の購入頻度ないし来店頻度×未来の購入点数×未来の購入単価

　これら5つの方法を事前に頭に入れておき、本番のケース面接問題では、クライアントの事業内容や置かれている経営環境を踏まえて、どこから売上向上を目指していくかを考えていきましょう。

　なお、売上の要素分解については、上記のような「売上＝客数×客単価」と分解する以外にも考えることができます。たとえば、以下のような売上の要素分解アプローチが挙げられます。

【数量と単価の掛け算で分解する場合】
・売上＝販売数量×商品単価
・売上＝客数×客単価　※客単価＝顧客あたりの売上

【顧客や商品の特性で分解する場合】
・売上＝既存顧客売上＋新規顧客売上
・売上＝既存事業の売上＋新規事業の売上
・売上＝本体売上＋付帯オプション売上

【営業形態や販売チャネルで分解する場合】

・売上＝イートインの売上＋テイクアウトの売上

・売上＝実店舗の売上＋ECサイトの売上

・売上＝営業件数×商談率×成約率×平均単価

・売上＝席数×稼働率×回転数×営業時間×客単価

【複数の商品や拠点がある／複数の地域に事業展開している場合】

・売上＝拠点Ａの売上＋拠点Ｂの売上

・売上＝地域Ａの売上＋地域Ｂの売上

　これらの売上の要素分解は、次のように組み合わせて用いることでさらに売上の解像度を上げることができます。

・売上＝既存顧客数×既存顧客あたりの売上
　　　　＋新規顧客数×新規顧客あたりの売上

・売上＝地域Ａにおける客数×客単価＋地域Ｂにおける客数×客単価

　大事なことは、打ち手を検討しやすい切り口で売上を要素分解することです。先ほどの５つの方法を踏まえて、どのような打ち手を立案できそうか考えてみましょう。

ある家電メーカーの ロボット掃除機の売上向上策 を考えてください。

・回答のヒント・・・・・・・

→ ロボット掃除機の提供価値を踏まえて、どのような人がロボット掃除機の主なユーザーであるかを想像しましょう。

→ ロボット掃除機の売上を分解し、経営環境を踏まえてどこを改善していくべきか、打ち手の方向性を定めましょう。

→ ロボット掃除機の消費行動プロセス（製品を認知し、興味を持って購入を検討し、実際に購入し、使用を継続する）を想像したときに、どのような打ち手を講じれば販売台数を増やせるでしょうか。

ロボット掃除機の提供価値と主なユーザーを想定する

　私は、多様な家電製品を製造販売している総合電気メーカーをクライア
ントとして想定し、ロボット掃除機の売上向上策を検討します。

　検討に先立ち、ロボット掃除機の提供価値や主なユーザーの傾向につい
て整理したいと思います。

提供価値	・掃除にかかる時間や手間を省くことができる。掃除機は自分でかけないといけないが、ロボット掃除機は自動で掃除してくれる
想定される主なユーザーの傾向	・忙しくて自分で掃除する時間をとれない ・自分で掃除機をかけることを負担に感じている ・ワンフロアで一人暮らし ・広いリビングがある ・目新しい技術や家電製品を積極的に取り入れる

ロボット掃除機の売上を分解し、打ち手の方向性を定める

　以上のような想定のもと、ロボット掃除機の売上向上策を考えていきま
す。ある家電メーカーにおけるロボット掃除機の年間売上は年間販売台数
と販売単価に分解でき、さらに年間販売台数は既存ユーザーの買い替え台
数と新規ユーザーの購入台数に分けることができます。

　ロボット掃除機の年間売上
　＝年間販売台数×販売単価
　＝（既存ユーザーの買い替え台数＋新規ユーザーの購入台数）
　　　×販売単価

現状、ロボット掃除機は全ての家庭で使用されている家電製品ではなく、機能の向上とともに今後導入する家庭が増えてくることが想定されます。そこで私は、クライアントが成長余地のあるロボット掃除機市場の中でシェアを拡大していくために、「新規ユーザーの購入をいかに増やし、ファンになってもらうか」に注目して打ち手を考えたいと思います。

ターゲット顧客の消費行動プロセスを想定し、打ち手を立案する

新規ユーザーの購入を増やすためには、①当社のロボット掃除機を知ってもらうこと（**認知**）と、②購入を検討してもらうこと（**興味～検討**）が不可欠です。また、買い替えの際も当社のロボット掃除機を選んでもらうために、③購入後の対応（**継続**）も工夫できるとよいと考えます。

ここからは、これら3つの段階ごとに打ち手を立案します。

認知	当社のロボット掃除機を知る
興味～検討	興味を持って購入を検討する
購買	実際に購入して利用する
継続	買い替え時も当社のロボット掃除機を選択する

まず①認知の段階では、当社のロボット掃除機の存在や性能を知らない中高年の世帯をターゲットに、家電量販店の売り場でのプロモーション（製品の試用、PR）をすることが有効だと考えます。

私の仮説として、ロボット掃除機の既存ユーザーは、従来の掃除機に対するこだわりもなく、目新しい技術への受容性も高い若者世帯が中心であると考えました。一方、中高年の世帯は掃除機の使用が当たり前であり、

ロボット掃除機に抵抗感があったり、そもそもロボット掃除機の性能を十分に理解していなかったりするため、利用者は少ないのではないかと考えました。

また、この世帯は若者と比較してECサイトの利用も少なく、実店舗に足を運ぶ傾向があると想定できます。総合電機メーカーであれば、家電量販店とのネットワークを活かし、自社製品の試用スペースを確保して製品をPRすることも可能でしょう。

次に、②**興味を持って検討する段階**では、お試し期間を提示することで購入のハードルを低くする打ち手が有効と考えます。当社のロボット掃除機を知っても、価格がネックとなって購入に二の足を踏む方はいると思います。「性能が上がっている」、「とても便利」などと説明を受けたとしても、新規ユーザーであれば半信半疑にならざるを得ないでしょう。

そこで、たとえば1ヵ月間のお試し期間を設けて、満足しなければ期間中の全額返金を保証するプランを提示することで、新規ユーザーは購入を検討しやすくなると考えました。

最後に、③**継続の段階**では、部品のアップグレードや効果的な使い方の案内を通じたロイヤリティ（愛着）の向上を目指すべきだと考えます。

ロボット掃除機はスマホアプリによる遠隔操作や、アレクサやグーグルホームなどの音声AIと連携していることも一般的です。そうしたIoTの側面からデータを取得し、より性能の高いブラシへの交換や、まだユーザーが使用していない機能の案内を行うことで、ユーザーはロボット掃除機を最大限に活用でき満足度も高まり、買い替え時のリピートにもつながるのではないでしょうか。

| 施策の優先順位付けを行う

これまで、以下の3つの打ち手を挙げました。

・打ち手1：家電量販店でのプロモーション
・打ち手2：お試し期間の提示

・打ち手3：パーツのアップグレードやより有効な使い方の案内

　これらの打ち手について、総合電気メーカーとして自社の強みを活かせるか、実行の難易度は容易か、実行で見込める効果は大きいか、これら3つの観点から改めて評価します。

	自社の強みを活かせる	導入の難易度	導入の効果	総合的な優先順位
打ち手1 家電量販店でのプロモーション	家電量販店とのネットワークを活かせる	他の製品で同様なプロモーションの経験があり、人材も保有	中高年世帯の新規ユーザーに広くリーチ可能	第一優先
打ち手2 お試し期間の提示	プラン設計から行う必要あり	仕組みとしての難しさは特にない	返金保証等の設計次第で変わり得る	第三優先
打ち手3 アップグレードや有効な使い方の案内	実際の利用データをもとにレコメンドできる	情報発信機能の強化に一定の開発コストを要する	パーツ交換や継続利用による効果が見込める	第二優先

　以上の検討を踏まえ、まずは新規ユーザーの認知を高める家電量販店の売り場でのプロモーションを実施し、並行して利用データを活用したアップグレードや効果的な使い方などの情報発信機能を強化することを提案します。

　なお、お試し期間の提示については、売り場でのプロモーション活動を踏まえて、本当にロボット掃除機の価格や性能が購入検討のネックになっているかを確認したうえで必要に応じて検討するとよいと考えました。

　以上となります。ありがとうございました。

面接官とのQ&A

Q 今回は年間販売台数に注目して打ち手を提案いただきましたが、一方の販売単価については何か有効な打ち手は考えられますか？

A ロボット掃除機は競合が多く、安易に本体価格を上げることは難しいですが、ブラシなどのアップグレードのように、本体購入以外のオプションを提供することは有効だと思います。使用中にブラシの消耗や吸引力の低下が起こることもあるため、有料でメンテナンスの実施やアップグレード部品の販売ができるとユーザー側も追加的に対価を払うのではないかと考えられます。また、フローリング以外の床材に対応できるロボット掃除機の開発など、中長期的には競合と一線を画すような新製品を打ち出して、販売価格を上げることは十分あり得ます。

Q 中高年世帯のほかに、どのような方が新規ユーザーとして考えられそうでしょうか？ また効果的なプロモーション方法についてもアイデアがあれば教えてください。

A 30代の共働き世帯などは新規ユーザーとして考えられます。働き盛りで平日は忙しく、小さい子どもの世話などで家事負担を極力抑えたいというニーズが強く、ロボット掃除機を購入する経済面のハードルも高くないように感じます。プロモーションとしては、ロボット掃除機で大切な家族との時間を増やせるような広告宣伝をSNSで実施するのはどうでしょうか。

Q 実現性の高い施策が多かったですが、より長期的な目線から、売上向上に向けた抜本的な施策を思いつくことはできますか？

A 今回は家庭用のロボット掃除機に限定して議論しましたが、「産業用のロボット掃除機市場」の開拓に向けて、需要の大きなところを調査し、現場のニーズを捉えた商品開発を実施できるとよいと思います。

ケース面接で武器になる
「現状分析のフレームワーク」

　ビジネスにおけるフレームワークとは、情報や思考をわかりやすく整理するための枠組を指します。書店に行けば数多くのビジネスフレームワークを解説する書籍がありますが、本書ではケース面接で実際に使われている"現状分析のフレームワーク"を5つに絞って紹介します。

　ケース面接の冒頭では、対象企業が置かれている状況などを具体的に想像し、解決すべき課題や打ち手の方向性を定めていくことが重要になります。現状分析のフレームワークを覚えておくと、多様な観点から考察できるようになります。

　ただし、時間は限られていますので、網羅的な現状分析を行うのではなく、大事なポイントに絞って面接官と認識を合わせるようにしましょう。

PESTLE分析

　PESTLE（ペストル）分析は、自社を取り巻くマクロ環境（外部環境）を6つの観点から分析し、急速な外部環境の変化を踏まえた戦略立案等の判断を行うためのフレームワークです。経営戦略を立案する前提として、政治経済の動向や技術革新などの自社を取り巻く外部環境を把握しておくことが必要です。

　時間が限られているケース面接では、PESTLE分析の観点を全て言及する必要はなく、面接官と事前に認識を合わせておきたい重要な外部環境の動向や変化を共有しましょう。それによって、企業が置かれている状況や今後検討すべきことを具体的に想像し、より納得度の高い打ち手を立案することができます。

Political 政治的要因	国や地域の政治的方針や施策等を確認する（政府の基本方針、各種政策や施策、政府による事業、政治の安定性など）
Economic 経済的要因	経済成長や景気といった変化を確認する（為替レート、物価、金利、賃金変化、雇用率、失業率など）
Social 社会的要因	社会や文化の動きを確認する（人口分布、人口増加率、収入格差、教育レベル、ライフスタイルの変化、社会課題など）
Technological 技術的要因	技術の動きを確認する（研究開発活動、技術移転の速度、技術成熟度[基礎研究〜商業化]、デジタル化の加速や浸透など）
Legal 法的要因	事業展開エリアの法制度を確認する（労働関連法、消費者保護法、独占禁止法、規制緩和、安全衛生法、データ保護法など）
Environmental 環境的要因	環境関連の動きを確認する（気候変動、環境保護、生態系、サステナビリティ、エネルギー など）

３Ｃ分析

　３Ｃ分析は、「市場・顧客（Customer）」「競合（Competitor）」「自社（Company）」の３つを軸にして市場環境を分析するフレームワークです。主に事業戦略やマーケティング戦略を策定する際に使用されます。

「市場や個々の顧客は、どのように変化しているのか」、「競合は、どのように市場や顧客の変化に対応しているのか」、「市場や顧客、競合の動向を踏まえ、自社の課題や優位性はどこにあるのか」などと、市場・顧客→競合→自社の順番で検討します。

　なお、顧客や競合の分析においては、自社にとって重要な顧客は誰か、同一の顧客ターゲットに対して同様な価値を提供している真の競合はどこかを押さえる必要があります。特に競合は、必ずしも同じ商品やサービスを提供している企業ではなく、代替品を提供する異なる業界の企業などが真の競合となる場合もあります。

　ケース面接では変化が激しい業界や流行りのサービスがテーマとして扱われることがありますが、３Ｃ分析を活用することで経営環境の変化を踏まえた適切な戦略立案ができるようになります。

Customer 市場・顧客	・市場の規模や成長性 ・顧客ターゲット ・顧客のニーズ ・顧客の購買行動　など
Competitor 競合	・競合の製品やサービスの状況（市場シェアや推移など） ・競合の特徴や業界ポジション ・自社にはない競合の強み ・新規参入や代替品の有無　など
Company 自社	・中長期の経営ビジョン ・財務状況（業績推移や資金力など） ・自社の製品やサービスの状況（売上や市場シェアなど） ・自社の製品やサービスの特徴、強みや弱み　など

ファイブフォース分析

　ファイブフォース分析とは、「5つの競争要因」から競合各社や業界全体の状況と収益構造を明らかにし、自社の利益のあげやすさを分析するフレームワークです。マーケティング戦略を策定する際に使用されます。

　5つの競争要因は「外的要因」と「内的要因」に分けられます。外的要因としては、**①競合の存在**、**②代替品の脅威**、**③新規参入者の脅威**が挙げられます。「外部からの脅威に対する障壁は高いのか」、「自社が提供する本質的価値を代替する手段には何が考えられるのか」などと想像することで、対外的な競争優位性を評価できます。

　内的要因としては、**④売り手の交渉力（仕入れ先の力）**、**⑤買い手の交渉力（顧客の力）**が挙げられます。たとえば、原材料の多くを単一の仕入れ先に依存している企業は、売り手が販売価格を上げた場合も応じざるを得ません。また、自社の売上の大部分を単一の顧客に依存していたり、品質や機能に差がないようなコモディティ化した製品を販売していたりする場合は、顧客の高い要求にも対応しなければ売上を失ってしまいます。

ケース面接では、業界構造や自社が置かれている状況を整理して戦略を検討する際にファイブフォース分析を活用するほか、「○○業界の30年後はどうなると思いますか」といった業界の将来予測に関する問題において、業界を多様な観点から俯瞰するために応用できます。

バリューチェーン分析

バリューチェーン分析とは、企業の事業活動を可視化し、「どこに」「どのような」付加価値が発生しているかを明らかにするフレームワークです。

具体的には、自社と競合の事業活動を**「主活動（価値を生み出すための工程：購買物流、製造、出荷物流、マーケティング・販売、サービス）」と「支援活動（主活動をサポートする活動）」**に分けて比較分析することで、各活動でどのように価値を生み出しているのかを明らかにします。これは、コスト削減の可能性や、新しい付加価値を生み出すための改善点を探索する場合にも活用できます。

ケース面接では、主に主活動の整理を行うことで、競合と比較してどの活動で差別化を図るのかを明確にし、より具体的な施策を立案することに役立ちます。

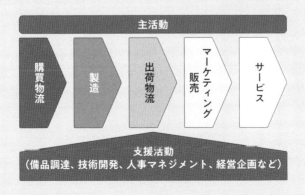

SWOT分析

　SWOT（スウォット）分析とは、自社の内部環境と外部環境を「**強み（Strength）**」、「**弱み（Weakness）**」、「**機会（Opportunity）**」、「**脅威（Threat）**」として洗い出して分析する手法であり、企業や事業の現状を把握するためのフレームワークです。

　PESTLE分析や３Ｃ分析の結果をSWOT分析に落とし込み、以下のように掛け合わせることで戦略オプションを抽出できます（これをクロスSWOT分析と呼びます）。時間が限られているケース面接では、自社の強みと市場の機会を掛け合わせた骨太の基本策を中心に回答するとよいでしょう。

		内部環境	
		Strength（強み）	Weakness（弱み）
外部環境	Opportunity（機会）	基本策（S×O） 強みを活用して 機会を取り込むには？	改善策（W×O） 弱みで機会を 取りこぼさないためには？
	Threat（脅威）	開発策（S×T） 強みで脅威を 回避するには？	撤退策（W×T） 弱みで脅威が現実に ならないようにするには？

Q13

ラーメン屋の新規出店 戦略を考えてください。

▸回答のヒント・・

→ どのようなラーメン屋の新規出店を検討するかを明確にしましょう。

→ ラーメン屋の経営状況、立地や客層などについて想像し、新規出店の目的を
　明確にしましょう。

→ 新規出店した際に、十分に利益を獲得して黒字経営を行うために重要な要素
　について考えましょう。

回答のポイント

→ 対象となるラーメン屋を具体的にイメージし、「現状」と「あるべき姿」を明確に定義する

ラーメン屋が現状で抱えている課題を想像し、ラーメン屋が目指すべき「あるべき姿」を定義することで、「現状」と「あるべき姿」のギャップを踏まえた新規出店の戦略を提案しましょう。

ラーメン屋を具体的に想像し、新規出店の目的を定める

具体的な検討に入る前に、まずは今回依頼をいただいたラーメン屋について、より具体的に想定したいと思います。

- 立地は、東京郊外のとある駅から徒歩3分以内
- グルメアプリで人気の行列ができるお店
- 1店舗で経営しているが、新規出店戦略を検討中
- メニューは基本のラーメンに加えてトッピングオプションがある
- 餃子、チャーハン、ドリンクなども提供する
- 客単価は1,000円程度
- 従業員は2〜3名で、正社員1名とアルバイト数名が働く

なお、新規出店の目的は、短期的には混雑・行列によって取りこぼしている客層の獲得、長期的には複数店を経営するチェーンへと成長することと設定します。この際に、新規の店舗でもこだわってきたラーメンの味を落とさず拡大していくことが、店主が特に重視していることだと想定します。

ラーメン屋の経営にとって重要な要素を明確化する

新規出店に際しては、黒字で経営できるような計画を練ることを前提とします。ラーメン屋における利益は、「売上－費用」となりますが、まず

売上については、

売上＝1店舗あたりの客数×1店舗あたりの平均客単価×店舗数

と分解できます。

　来店する**客数**に関しては、既存顧客と新規顧客に分解できます。利益確保のためには、新規店舗でもいずれかの顧客の来店を促すことで、既存店同様の高い稼働率と回転率を実現する必要があります。

　なお、競合が多く存在することから、**平均客単価**の大幅な値上げは難しいと考えます。ただ、トッピングやサイドメニューを充実できれば、ラーメン以外の追加注文で客単価の向上を狙うことが可能です。

　次に、費用については、

費用＝変動費（材料費・運送費・アルバイトの人件費）
**　　　＋固定費（賃料・正社員の人件費・採用や育成の費用）[3]**

に分解できます。

　変動費については複数店舗の利点を活かし、材料を多く仕入れることによる仕入れ単価の引き下げや、資材や材料を混載することによる運送費の削減などで抑えられます。

　また、固定費には賃料や正社員の人件費などが含まれますが、初の試みの中で失敗するリスクを下げるためにも、可能な限り低く抑えるべきと考えます。一方で、新規出店のために追加で採用する従業員・アルバイトの採用や育成にかかる費用は必要でしょう。

3　変動費は売上に応じて変化する費用であり、固定費は売上に応じて変化しない費用を意味します。

| 多様な観点から新規出店戦略について検討する。

　先ほど検討した内容をもとに、私は東京郊外の人気ラーメン屋の新規出店戦略を次のように考えました。

立地	新店舗は、既存店舗の周囲5km圏内に出店
メニュー	既存店舗のメニューに加え、新店舗オリジナルのメニューを開発
価格	現在の価格を据え置き
広告宣伝	既存店舗にて新店舗の紹介を実施

　まず**立地**について、新店舗は既存店舗の周辺へ出店すべきだと考えます。既存店舗と同様、郊外での出店により賃料は低く、変動費に関しても資材や材料を一括で運搬することで運送費を抑えることができます。また、既存店舗と新店舗で従業員やアルバイトを融通し合うことで、従業員の新規採用費や教育費用も削減できると考えました。

　また、**メニューや価格、広告宣伝**について、短期的には混雑・行列によって取りこぼしている既存顧客層をターゲットとしたうえで、人気メニューのラインナップは大きく変えず、価格も据え置く方針がよいと考えました。新店舗が軌道に乗るまでは、味を落とさないためにスープは本店で作り運搬するといった工夫を行うべきだと考えます。一方、既存顧客の足を新店舗に向かわせるために、新店舗オリジナルのメニュー開発と既存店舗での宣伝が効果的であると考えます。

　今後、新規出店が成功して、十分な投資資金を確保し、採用した従業員やアルバイトが一人前となった段階で、より一層の規模拡大に向けた3店舗目の新規出店も実現できるとよいでしょう。周辺地域外のエリアも視野に入れるならば、ファミリー層などの新規顧客層の取り込みのためにロードサイド店の出店なども検討するのはどうでしょうか。

　以上です。ありがとうございました。

面接官とのQ&A

Q 短期的なターゲットは既存顧客層とのことでしたが、どのような人を想定していますか?

A 既存店舗のラーメンを食べたことがあり、ファンとなっている人を想定しました。ファンの中にも行列にも躊躇なく並び頻繁に来店するコア層と、行列には並びたくはないライト層がいると思います。新規店舗のターゲットとしては、特に後者を想定しており、来店頻度を向上させたいと考えています。一方で、近隣エリアに出店することで、既存店舗に来店したことはないけれど興味を抱いていた周辺地域の新規顧客を取り込むことも想定しています。

Q 新店舗で十分な売上を確保するために、他にできることはありますか?

A 売上を拡大する施策として、たとえば、魅力的なサイドメニューの開発や、トッピングを用いた新しいラーメンの食べ方を提案することで客単価の向上が期待できます。また、スタンプラリーやクーポンの提供により、人気の既存店舗から新店舗への導線を作ることも有効と考えます。しかし、やりすぎると既存店舗と新店舗で同じ客を取り合う構図となってしまうため、新店舗でも新たな常連客を掴むための工夫を行う必要があります。

Q いくつかの観点を挙げていただきましたが、何が最も大切だと思いますか?

A 私は、「立地」が最も大事だと考えます。既存顧客を共有でき、一定程度の新規来店が見込め、従業員の共有や運搬費も低く抑えられる距離にある出店エリアの選定は、利益を確保するうえで特に重要です。新規出店エリアの商圏分析も行えれば、より精緻な検討が可能になるでしょう。

異物混入問題が発生した食品メーカーの売上を回復するための戦略を立案してください。

・回答のヒント・

→ 異物混入がなぜ発生したのか、食品の製造工程をイメージしながら具体的に考えましょう。

→ 想定される異物混入の原因に対する対策（再発防止策）を検討しましょう。

→ 売上の回復に向けて、再発防止策を実施した後にどのような取り組みが求められるかについて考えましょう。

クライアントの現状を想定し、取り組むべき方針を定める

私は、今回の異物混入問題について、消費者が購入した食品の中に異物が混入する事例が複数確認され、メディアを通じて全国的に注目を浴びているものと想像します。

そして、売上が減少した直接の原因は、クライアントや食品そのものに対する消費者からの信頼が損なわれ、購入数量が大きく減少したことにあると考えます。

すなわち、今回のケースは「消費者からの信頼をいかに取り戻すか」が本質的な課題ではないでしょうか。これから、次のようなステップをもとに検討していきます。

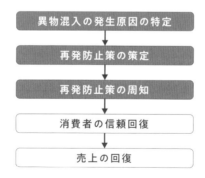

異物混入の原因を特定する

　異物混入の原因については、食品を加工・販売するまでの**サプライチェーン**[4]に注目し、「材料を仕入れて、食品を加工し、包装し、店頭で販売する」という一連のプロセスのどこで異物が混入したのかを特定したいと思います。

　また、異物が混入する原因としては、「**人によるミス**」と「**システムによるミス**」の主に2つがあると考えました。

　こうした考え方をもとに、想定される異物混入の原因を整理すると、図のようになります。

サプライチェーン	考えられる原因	
	人によるミス	システムによるミス
仕入れ	・仕入れ担当者に問題がある（品質確認チェックを怠るなど）	・仕入れ業者に問題がある（粗悪品ばかりを納入しているなど）
加工	・作業員が慢性的に不足している ・作業員の製造スキルが低い	・製造機械の故障や劣化 ・製造機械の誤った設定
在庫管理	・在庫管理担当者がチェックを怠っている	・管理する場所が不適切
包装	・包装担当者が不足している	・包装容器に問題がある ・包装機械に問題がある
流通販売	・引き渡し担当者に問題がある	・流通業者に問題がある

4　サプライチェーンとは、仕入れた原材料をもとに製品やサービスが製造され、最終的に消費者に届くまでに経る一連の流れのことを指します。

これまでの方向性を踏まえて施策を立案する

　上記の各プロセスのどこで異物混入が発生したかは明言できないため、以下では、「加工」のプロセスにおいて異物混入が発生したと仮定し、再発防止策を検討します。

　加工のプロセスで異物混入が発生する原因としては、次のようなものがありました。

【人によるミス】
・作業員が慢性的に不足している
・作業員の製造スキルが低い

【システムによるミス】
・製造機械の故障や劣化
・製造機械の誤った設定

　そこで、これらの原因に対して以下の再発防止策を提案します。
・作業員のミスが発生した工程の増員
・作業マニュアルの整備や研修の徹底
・古い機械を新しいものに入れ替え
・製造機械の設定に関する総点検

再発防止策の周知を徹底し、信頼回復に努める

　ここまで、異物混入の原因の特定とその再発防止策を検討してきました。ただ、これだけでは今回のクライアントの要望である「売上の回復」にはつながりません。

　つまり、その取り組みが消費者に周知されなければ信頼を回復できず、売上の回復にも至りません。

　そこで最後に、今回の問題発生によって当該食品を購入しなくなった消費者が、また購入するようになるまでのステップを大きく2つに分け、ス

テップごとのクライアントのアクションについて検討しました。実際のアクションは、図のようになります。

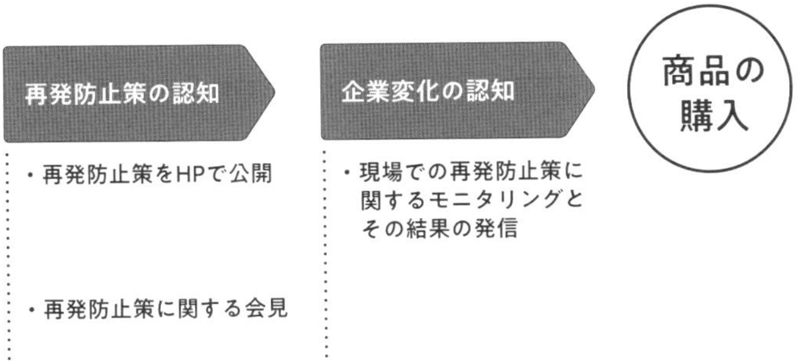

再発防止策の認知	企業変化の認知	商品の購入
・再発防止策をHPで公開 ・再発防止策に関する会見	・現場での再発防止策に関するモニタリングとその結果の発信	

　最初のステップは、「**再発防止策の認知**」です。ここでは、先ほど立案した再発防止策を消費者に認知してもらうことに注力します。具体的には、再発防止策をわかりやすく整理し、自社のホームページはもちろん、各種メディアをとおして多くの消費者の目に触れるよう徹底します。

　次のステップは、「**企業変化の認知**」です。先ほどの再発防止策の認知は必要なステップであるものの、それだけでは当然のこととして受け止められるだけであり、企業が今回の問題を受けて大きく変化したことを明示する必要があります。再発防止策の結果として、異物混入をはじめとした問題が発生していないことを常にモニタリングし、結果を消費者に発信し続けることが重要と考えます。

　以上です。ありがとうございました。

面接官とのQ&A

Q 「加工」のプロセスにおいて異物混入が発生したと想定し再発防止策を検討していましたが、仮に「仕入れ」のプロセスで問題が発生した場合にはどのような再発防止策を講じるべきだと考えますか?

A 「仕入れ先業者の総点検」「品質管理の徹底」などが考えられます。具体的には、各業者と取引がある担当者にチェックリストなどを配布し、それぞれが適切に業務にあたっているかどうか確認します。そのうえで、問題があるような業者があった場合には、取引を中止します。

Q 細かくステップに分けて検討されていましたが、どのステップに多くの時間を費やすべきだと考えますか?

A 「異物混入の原因の特定」に多くの時間を費やすべきです。なぜなら、このステップで誤った原因を問題発生の真因として断定してしまうと、再発防止策を実施しても同じような問題が再び発生してしまうからです。このような事態になれば消費者はさらに離れていき、売上を回復することは極めて困難になるでしょう。

Q 再発防止策の効果を高めるために必要なことは何でしょうか?

A ご提案した再発防止策(増員、マニュアルの整備、研修の徹底、機械の入れ替え、総点検)は異物混入を防ぐための体制や仕組みを整えるものが中心ですが、これを維持・継続していくことが重要となります。したがって、現場で積極的に再発防止策に取り組んでもらうために、経営層が今回の問題に対しての危機感を強く発信し、明確な理由とともに再発防止策の必要性を現場に説明することが必要と考えます。

Q15

ある個人経営の
文房具店の中長期戦略を
立案してください。

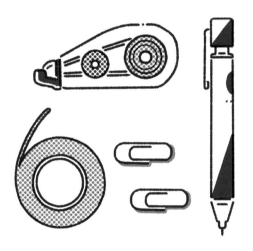

回答のポイント

→ **中長期的な目線で思い切った戦略を描く**
文房具店の強みや課題、顧客や競合の動向などの経営環境を踏まえ、
中長期的な企業変革に向けた戦略を提案しましょう。

ある個人経営の文房具店と経営環境の解像度を上げる

今回のクライアントである「ある個人経営の文房具店」について、地方の商店街などに立地しており、地域の住民や学校などにノートやペンといった事務用品や絵の具などの画材を販売している店を想定しました。

事務用品は近年のペーパーレス化の流れを受けて需要が減少していると考えられ、業界にとっては厳しい状況です。文房具の多くは既製品であり、商品での差別化も簡単ではありません。

また、想定される競合としては、他の文房具店に加え、コンビニやスーパー、ショッピングモールの文房具売り場、ECサイトなどがあります。

他の文房具店に関しては、近隣に複数店舗がひしめくことは想像しにくい一方、取扱量の多いショッピングモールや利便性の高いコンビニは強力な競合といえるでしょう。

さらに、実店舗を持たないAmazonや楽天市場などのECサイトは、利便性を重視して文房具の質やデザインに特にこだわりがない層や、既に決められた商品を安く購入したい層から強く支持されていると考えられます。

ある個人経営の文房具店（クライアント）の強みと課題を整理する

ここまでのクライアントに関する前提や経営環境に関する検討を踏まえ、クライアントの強みや課題を分析します。

まず、クライアントのような個人経営の文房具店は、地域の住民や学校との距離感が近く、顧客の要望に合わせて商品を仕入れるなどのきめ細かな対応ができる点が強みと言えるでしょう。

ただし、文房具は複雑な商品ではなく、詳細な説明を求められることは

少ないと考えられ、店員によるきめ細かな対応がどの程度の他社との差別化につながるかは検討の余地があります。

一方、課題としては、近隣の住民や既存の取引先などに顧客が限られている点があります。また、文房具にこだわりのないターゲット層に対してクライアントの店で文房具を買う理由を生み出せておらず、ショッピングセンターやECサイトに顧客を奪われている状況だと考えられます。

	クライアントの現状	背景
外部環境	文房具そのものに対する需要の減少	ペーパーレス化
強み	顧客のニーズに合った商品の仕入れ	地域住民との距離の近さ
課題	減少する既存顧客への依存	ショッピングセンターやECへの顧客流出、新規顧客開拓の難しさ

中長期の戦略を定め、打ち手を具体化する

ここまでで整理したクライアントの強みや課題、経営環境などを踏まえ、戦略として（1）強みのさらなる強化と、（2）抜本的改革を立案します。

まず1つ目の「強みのさらなるの強化」の打ち手として、地域内のネットワークを活かした営業強化による新規顧客の開拓を行うことを提案します。

具体的には、学校やオフィスなどの既存の大口顧客に近隣施設や取引先を紹介してもらい、紹介された有望な潜在顧客に対して集中的に営業を行います。こうしたクライアントの強みを活かして新規顧客を開拓することで、事業基盤を強化します。

一方、中長期的にクライアントが成長し続けるために、2つ目の「抜本的改革」として次の2つの打ち手を提案します。

①商品構成や空間デザインの見直し

　文房具にこだわりのある人をターゲットとして店内に並ぶ商品や売り場を見直し、「店舗に足を運ぶ意味」の創出や競合との差別化を図ります。

　まず商品構成に関しては、既存の汎用文房具以外に、最新の文房具やデザイン用品など、競合であるショッピングモールやコンビニの棚にはない便利でユニークな商品を並べることを提案します。

　この際、商品を手に取って体験できるようなスペースを同時に作ることで、ECサイトとの差別化を図ることができます。

　商品選びに際しては、クライアントの顧客との距離の近さという強みを活かし、ヒアリングを行うことも有効でしょう。

　また、近隣でなくとも文房具にこだわりのあるターゲット層に足を運んでもらうため、他の文房具店とは一線を画すような店内の空間デザインを工夫することが有効だと考えます。

②販売チャネルの多様化

　文房具業界の厳しい経営環境やクライアントの事業規模を考えると、既存の店舗単体で今後中長期的に成長していくことは容易ではありません。

　そこで、顧客や収益源の多様化を狙いとした新たな販売チャネルの確立を提案します。

　まずは既存事業の強みを活かし、近隣の小売店と連携して、棚に商品を陳列してもらうことが一案です。

　また、ECサイトの台頭は脅威である一方、新しい事業機会とも捉えることができ、ECサイトを活用して販売チャネルを拡大することも一案です。具体的には、Amazonや楽天市場のようなECサイトに自分たちで仕入れたユニークな商品を出品し、文房具にこだわりのある層に訴求します。

　他にもInstagramやShopifyを活用し、自社ECを構えることを検討してもよいでしょう。遠方に住んでいる人など、既存の実店舗ではリーチできない客層にも訴求することが可能になります。

　さらには、思い切って近隣の小売店やその他規模の小さい文房具店を買収することも選択肢として挙げられます。こうした買収によって店舗の規

模を拡大しながら、仕入れなどでスケールメリットを活かすことは十分考えられるでしょう。

　以上となります。ありがとうございました。

面接官とのQ&A

Q 提案いただいた戦略で、この文房具店には具体的にどのような効果がもたらされるでしょうか?

A クライアントの客数と客単価の双方にプラスの効果があり、結果として売上高の向上がもたらされると考えます。たとえば、ネットワークを活かした営業強化や販売チャネルの拡大は「客数の増加」につながります。

また、商品構成の見直しで平均的な商品単価は上昇しますし、空間デザインの工夫などで今まで来店しなかったような文房具にこだわりのある顧客を呼び込めれば、客数だけでなく、客単価の向上につながります。

Q 戦略の実行において、どのようなハードルが存在しますか?

A まず、商品構成や空間デザインの見直しについては、従来にない発想やノウハウが求められます。したがって、適宜外部の事業者に委託しハードルを下げることが有効だと考えます。また、ECサイトやSNSの活用に関しては、デジタルマーケティングの知見が必要になります。専門人材獲得の難易度は高いですが、副業を想定した求人募集を行うとよいかもしれません。さらに、買収は相手のある話であるため、実効性や実現可能性についての検討を行う必要があります。

Q これまで売っていた汎用文房具の販売からは、撤退するということでしょうか?

A いいえ、汎用文房具は引き続き販売します。新たに入荷するユニークな商品がフックとなるように売り場を工夫し、現状の売れ筋商品は引き続き店頭に並べ、既存顧客の流出を防ぎます。

Q16

日本の大手新聞社の成長戦略を考えてください。

・回答のヒント・・・・・・・

→ 何をもって「成長」と呼ぶのかを考えてみましょう。

→ 新聞事業を取り巻く環境がどのようなものなのか、多角的な視点から整理しましょう。

→ 大手新聞社ならではの強みとしてどのようなものがあるかを考え、将来の環境変化を踏まえた成長戦略を提案しましょう。

→ 大手新聞社を取り巻く経営環境の変化を押える
目の前のクライアントだけではなく、クライアントを取り巻く経営環境にまで視野を広げて考察しましょう。

この問題における「成長戦略」のゴールを定義する

　私は大手新聞社の成長戦略を検討するに際して、「**成長の指標**」と「**成長戦略の期間**」を定める必要があると考えます。

　成長の指標には売上や利益といった定量的な指標と、ブランド力の向上や社会貢献といった定性的な指標がありますが、今回は「**売上の向上**」をもって成長の指標とし、成長戦略の期間については「**向こう5年間**」で実行するものを検討します。

大手新聞社を取り巻く経営環境の変化を整理する

　まずは、私が認識している主な環境変化について洗い出してみます。

消費者の変化
・若者を中心とした活字離れ
・紙（アナログ）から電子データ（デジタル）への利用意向の変化

競合となるサービスの台頭
・SNSを通じた有識者個人による情報発信の増加
・ウェブニュースなどの高品質な無料コンテンツの普及
・キュレーションサイト（特定のテーマやジャンルに絞った情報や新聞のように多様な情報を収集・整理したウェブサイト）の増加
・対話型の生成AIの活用による情報検索性向上

新聞市場の再編
・（上記に関連して）購読者の減少による業界新聞や地方紙の廃業

これらをまとめると、**今日では情報産業のプレイヤーが多様化**しており、一般人と新聞社の間における**情報の非対称性は大きく解消され、基本的な情報は無料で手に入る環境**となっています。情報の信ぴょう性を武器に基本的な情報を提供するだけでは、人々が購読する理由にはなり得ません。

　また、全国紙と同様のニュースを扱う発信力の高いプレイヤーがウェブを中心に台頭しており、それらのプレイヤーより安価で高品質な情報を提供しなければ人々は新聞を購読しないと考えます。対話型の生成AIの活用も普及すれば、市場環境はより一層厳しくなるのではないでしょうか。

環境の変化を踏まえて、成長戦略を具体化する

　私は、大手新聞社の事業を取り巻く環境を踏まえると、「未だに情報の非対称性が残る領域で」「新聞社という発信者としての信ぴょう性を活かし」「情報を必要とする人々に刺さるコンテンツを発信する」ことが、大手新聞社が生き残っていく方向性だと考えます。

　そして、今後5年間で実行すべき成長戦略として、業界紙や地方紙などのターゲットの狭い新聞社と提携し、それらが提供するニッチな情報を大手新聞社の発信力を活かしてより広く販売することを提案します。

　これにより大手新聞社は、業界紙や地方紙のコンテンツをもとに自社で蓄積した知見や専属記者の見解を加えることで、新たな読者層が求める情報を低コストで作成でき、コンテンツ力の強化で新規契約の獲得につなげることが期待できます。

　また、この提携は業界紙や地方紙にとってもメリットがあります。

　特定業界にフォーカスした業界紙や各地域に根差した地方紙は、既にニッチな情報を求めている人々に購読されていますが、営業力や知名度は大手新聞社に劣ります。

　そこで、大手新聞社の地方面やウェブ版にコンテンツを提供することで、新規の読者との接点創出を図ることができます。

　以上です。ありがとうございました。

面接官とのQ&A

Q 業界紙や地方紙は同じ新聞業界の競合に該当し、提携は難しいのではないでしょうか?

A 業界紙や地方紙は、各専門分野や地方における信頼は醸成できている一方で、広く一般における認知度が低いことが弱みと考えました。また、先ほどの環境の変化を踏まえると、購読者の減少によって経営基盤も脆弱となっている企業も少なくないのではないでしょうか。全国紙の発信力を活用することは、業界紙や地方紙にとっても十分魅力的であり、提携は可能だと考えます。

Q 同業他社との提携以外に、大手新聞社が実行できそうな成長戦略の方向性は考えられますか?

A 新聞社が球団やアミューズメント施設の運営を行っている事例もあると思います。このような、新聞事業と親和性のある事業領域で新規事業を立ち上げることで、新規事業と本業を共に発展させていくような成長戦略の方向性も描けると考えます。

Q 10年後などのより長期的な環境変化を見据えると、さらに検討すべき事項として何がありますか?

A 今後、デジタル化のさらなる発展が予想され、欲しい情報を誰でもすぐに入手できるような世の中では、新聞社の既存事業の競争力は低下していくと考えます。したがって、業界内での成長にとどまらず、事業環境の変化に応じた新たな柱となる事業の創出に取り組むことが必要だと思います。

▼

マーケティングのフレームワーク
STP と4P・4C

マーケティングとは、「顧客のニーズや欲求を理解し、それに応える価値を創造する全ての活動」であり、現状をとおして市場の機会を見極め、顧客との関係を築き、ブランドイメージを構築するという長期的な価値創造のプロセスを含みます。優れたマーケティング戦略は、製品やサービスの市場での成功を決定づける要因となります。

ビジネスケースの対策として、マーケティング戦略の重要な考え方を押さえておきましょう。

マーケティング戦略の基本コンセプトを定めるSTP

マーケティング戦略の策定は、STPと後ほど解説する4P・4Cの2つのプロセスに分解できます。

STPとは、①セグメンテーション（Segmentation）、②ターゲティング（Targeting）、③ポジショニング（Positioning）の頭文字を取ったもので、マーケティング戦略の総論とも言える、基本コンセプトを具体化するうえで不可欠なフレームワークです。

1つ目のセグメンテーションとは、様々な顧客が存在する市場をより管理しやすく効果的に扱うために、**市場を類似のニーズや特性を持つ顧客グ**

ループに切り分けて考えることです（「セグメント」とは、ある性質の指標に基づいて切り分けた集団を意味します）。

これは、顧客の年齢や性別、職業、年収、家族構成、居住地域、ライフスタイルなど、様々な要素に基づいて行われます。切り分け方によって今後の戦略が変わり得るため、実務では複数のパターンで切り分けて検討がなされています。

2つ目のターゲティングとは、**セグメンテーションで切り分けた顧客グループの中から、自社のミッションに適合し、強みを発揮することで明確に勝てるターゲット市場を絞り込むこと**です。ターゲット市場を選択する際には、当該市場の規模や成長性、競合環境、顧客にアクセスできるかなどの観点で評価します。

3つ目のポジショニングとは、**選択したターゲット市場において、自社と自社の製品やサービスがどのように認識されるべきかという「立ち位置」を明らかにすること**です。顧客が重視することを確認し、競合との違いをはっきりさせ、自社の製品・サービスの独自の提供価値を見つけていきます。

以上のSTPをとおして、「どの市場において、誰のニーズに、どのような価値を提供するか」というマーケティング戦略の基本コンセプトを具体化することができます。

マーケティング戦略の基本コンセプトを実現する
4Pと4C

4Pは、製品（Product）、価格（Price）、流通（Place）、販売促進（Promotion）の4つの要素から構成され、「どのような製品を」「いくらで」「どこで」「どうやって」売るのかというマーケティング戦略の各論を具体化するフレームワークです。

これらのコントロール可能なマーケティング施策をバランスよくミックスしていくということから、「マーケティングミックス」とも呼ばれています。

4P	内容
Product 製品	**どのようなニーズを満たす製品なのか** →製品の設計、品質、特徴、ブランドなどが含まれる
Price 価格	**適切な価格はいくらか** →市場における当社のポジション、競合との比較、コスト構造に基づいて決定される
Place 流通	**どのようなチャネルを選択するか** →流通チャネルの選択、物流、販売地域などが関連する
Promotion 販売促進	**製品の認知度や購買意欲をいかに高めるか** →広告、セールスプロモーション、パブリックリレーションズなどが含まれる

　次に、4Cは、顧客にとっての価値（Customer Value）、コスト（Cost）、利便性（Convenience）、コミュニケーション（Communication）の4つの要素で構成されます。4Pは売り手側の視点であるのに対して、4Cは顧客側の視点に立ったフレームワークとなります。

　マーケティングで重要なのは、常に顧客の心情を思いやることであり、4Pと4Cの各要素をそれぞれ対応させることで、顧客が求めていない独りよがりなマーケティング施策になることを防ぐことができます。

4P	4C	内容
Product 製品	Customer Value 顧客にとっての価値	企業の製品やサービスを購入することで顧客が感じる価値（性能やデザイン、イメージなど） ↓ **4Pへのフィードバック** 製品が顧客にとって有益なソリューションとなっていなければならない。顧客にとって本質的な価値を明らかにする必要がある
Price 価格	Cost 顧客にとってのコスト	製品やサービスの価値を得るために顧客が支払う対価（販売価格に限らず、面倒な手続き等の負担なども含む） ↓ **4Pへのフィードバック** 顧客にとっての価値とコストを踏まえて、適切な価格を設定しなければならない
Place 流通	Convenience 顧客にとっての利便性	製品やサービスの入手しやすさ ↓ **4Pへのフィードバック** 顧客が製品やサービスを容易に入手できるよう、店舗のアクセスしやすさやECサイトでの購入のしやすさなどを工夫しなければならない
Promotion 販売促進	Communication 顧客コミュニケーション	顧客が製品の内容や優位性を容易に認知することができるようなコミュニケーション ↓ **4Pへのフィードバック** 企業からの一方的なメッセージ伝達ではなく、顧客との双方向コミュニケーションを重視しなければならない

　以上をまとめると、マーケティング戦略の立案に際しては、まず、STPで市場をセグメントに切り分け、ターゲット顧客を選定し、競合との違いをはっきりさせて独自のポジションを設定します（ここまででマーケティング戦略の基本コンセプトが出来上がります）。

　次に、4Pと4Cの要素を用いて、具体的な製品開発や価格設定、流通戦略、販売促進戦略を計画し、これを顧客にとっての価値やコスト、利便性、コミュニケーションという観点から最適化します。

　このように、STPと4P・4Cを組み合わせることで、優れたマーケティング戦略を立案し、成果を最大化することができます。ケース面接問題においても応用してみましょう。

大手航空会社による
機内での新規サービスを
検討してください。

・回答のヒント・

→ 機内での新規サービスの目的を設定しましょう。

→ 新規サービスを提供する相手（ターゲット）を具体的に定めて、サービス内容を検討しましょう。

→ 新規サービスを考える方法の1つとして、ターゲットが機内で不便や不快に感じていることを想定し、それを解消するようなサービスを具体化する方法があります。ターゲットに価値を感じてもらえるような新規サービスを企画しましょう。

→ ターゲット顧客の「不」の体験を想像し、ニーズを洞察する
新規サービスを展開する目的やターゲット顧客を明確化し、機内における「不」の体験（不便や不安、不快など）を想像しましょう。

大手航空会社による新規サービスの目的を具体化する

クライアントである大手航空会社は、航空機を用いた旅客事業を基幹事業としており、国内線や国際線を利用する乗客からのチケット収入が売上の大半を占めていると考えます。他にも、貨物を輸送する事業やクレジットカードなどの金融事業も展開しています。

ここで私は、機内における新規サービスを検討する大きな目的として、「**旅客事業の売上を向上すること**」と設定します。

さらに、目的を達成する方向性としては、旅客事業の売上を次のように分解し、**(A)満足度向上による客数増加**、**(B)1人あたりの座席料金やオプションサービス料金の向上**の2つがあると考えます。

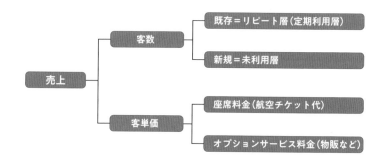

ターゲット顧客を想定し、「不」の体験を洗い出す

　航空機を利用する主な顧客として、平日はビジネスパーソン、休日はビジネスパーソン以外の一般客が多いように思えます。また、一般客の旅行と比較すると、ビジネス利用の方が価格よりも移動の快適さなどを重視しており、格安航空会社よりも大手航空会社が選ばれやすいと思います。特に、経営者などはより快適に過ごせるビジネスクラスを利用しているのではないでしょうか。

　これらを踏まえて、今回の検討では週の大半を占める平日の主要な乗客であり、大手航空会社と親和性の高い**ビジネスパーソンをターゲット**として新規サービスを検討します。

　まず、「機内設備」「サービス（食事/客室乗務員など）」「その他の周辺環境」に分けて、ビジネスパーソンが不便や不満に感じている点を洗い出してみます。

不便や不満に感じている点	
機内設備	・座席に長時間座っていると疲れる ・通路が狭い、トイレが空いていない場合がある ・デスクが小さくPCを使えない ・Wi-Fiなどが通じないので仕事ができない
サービス	・用事がある際に、客室乗務員が見つからない ・機内食の選択肢が狭い、口に合わない ・遅延した際に、後の予定に間に合うか不安を感じる ・欲しいものが販売されていない
その他の 周辺環境	・前後左右の座席距離が近く、会話しづらい（特に仕事の話は難しい） ・周囲が気になってリラックスできない

次に、これらの不便や不満に感じている点を解消し、機内における体験価値を向上するような新規サービスのアイデアを検討します。

新規サービス	内容
①新しい座席クラスの導入	・よりリラックスしたフライトを実現できるように、ビジネスクラスとエコノミークラスの中間にあたる座席クラスを提供する
②ワーキングデスク付きの座席や防音室の提供	・PCを快適に操作できるワーキングデスク付きの座席を整備する ・周囲を気にせずに会話できる防音室を提供する
③機内サービスの有料オプションの提供	・個人の好みに合わせた機内食の提供など、機内サービスの有料オプションを提供する
④到着先や遅延状況の逐次情報発信サービスの提供	・遅延状態や到着先の交通や天候状況などの情報を逐次配信する

┃ 新規サービスのアイデアを評価し、提案内容をまとめる

では、実効性と実現可能性の観点からこれらのアイデアを評価して、次の表にまとめたいと思います。

実効性に関しては、新規サービスの目的である「**(A)満足度向上による客数増加**」「**(B)1人あたりの座席料金やオプションサービス料金の向上**」という2つの方向性に対して、十分に寄与できるかを検討します。

また、実現可能性に関しては、**導入にあたってどの程度のコストがかかるのか、初期投資を回収することは可能か**について検討します。

結果、新規サービス①②については、ターゲットの満足度向上、チケット収入の増加が期待できますが、新規サービス①はビジネスクラスと食い合いになる恐れがあります。

また、新規サービス③は有料オプションの収入、新規サービス④は顧客満足度の向上が期待できますが、新規サービス④は既存の情報提供サービスとの差別化が難しいと感じました。

新規サービス	実効性	実現可能性
①新しい座席クラスの導入	ビジネスクラスとの食い合いを起こす可能性	座席改修、機内オペレーション変更のコストが発生するが、チケット収入の増加が期待できる
②ワーキングデスク付きの座席や防音室の提供	ターゲットの満足度向上が期待できる	設備改修コストが発生も、オプション収入が期待できる
③機内サービスの有料オプションの提供	オプション収入が期待できる	機内オペレーションなどの変更が必要
④到着先や遅延状況の逐次情報発信サービスの提供	既存の情報提供サービスもあり、満足度向上につながる余地は限定的	既存のサービスの改良で提供可能

　結論として、まずは機内設備や周辺環境に関する体験価値の向上が期待できる新規サービス②、提供サービスに関する体験価値の向上が期待できる新規サービス③に取り組むべきと考えました。

　最後に新規サービスを実施するロードマップを検討します。

　まず準備期間として機内設備の入れ替えや機内オペレーションの変更に取り組む必要があります。その後は、プロモーションを行うことで新規サービスに対する認知を高めていくことが求められますが、ビジネスパーソンがよく目にする経済誌やウェブサイトでの広告に加えて、チケットの予約時や窓口での案内を徹底することが効果的と考えます。一部の機体やフライトからサービスを開始し、利用実績や顧客からの声を踏まえてサービス内容を改善し、広く展開していくとよいのではないでしょうか。

　以上となります。ありがとうございました。

面接官とのQ&A

Q 洗い出した不便や不満に感じている点を解消する新規サービスとして、他にアイデアはありますか？

A ビジネスパーソンに固有のものではなく、他の乗客とも共通する快適なフライトに主眼を置いて検討すると、様々なアイデアが出てきます。たとえば、高品質なアイマスクやネックピローなどの機内で使用できるアイテムを中心とした機内販売の拡充や、フライト時間を楽しめるゲームの提供などが考えられます。

Q 新規サービスの実行に際して、特に確認すべきことは何ですか？

A 既存サービスとの食い合いと、初期投資の回収期間について確認したいです。前者に関して、私は新規の座席クラスやワーキングデスク付きの座席などを検討しましたが、これらのサービスが人気となることでビジネスクラスなどの利用が減らないか、詳細に確認する必要があります。後者に関しては、新規サービスに必要な初期投資額と得られる利益を想定し、どの程度の期間で投資を回収できるかを確認すべきです。

Q ターゲットをビジネスパーソンではなく、子ども連れのファミリー層と設定した場合、どのようなアイデアが考えられますか？

A ファミリー層の「不」の体験を想像すると、たとえば、機内設備に関して授乳スペースやおむつを変えられるスペースがなかったり、子どもに合った食事や家族で楽しめる娯楽が少なかったりします。したがって、授乳やおむつ交換スペースの提供や、ゲームやコンテンツ配信サービスの提供などが機内における体験価値の向上につながると考えます。

Q18

映画館とシナジーのある ビジネスを企画してください。

• **回答のヒント** •

→ 映画館の来場者は映画を楽しむほかに、どのような目的を持っているでしょうか。映画館で映画を楽しむ具体的なシーンを想像してみましょう。

→ 映画館を利用する人々に対して、どのようなサービスを提供できれば、映画鑑賞の前後に利用してもらえるでしょうか。

→ あるいは、その利用をきっかけに映画を観たくなるようなサービスとして、どのようなものが考えられるでしょうか。

> 回答のポイント・・・・・・・・・・・・・・・・・・・・・・・・・・・・・・・・・・・・・
>
> **→ 映画館来場者の映画鑑賞以外の目的を想像する**
> 映画館の多様な来場者層や個々の利用目的を想像し、来場者が映画と
> 一緒に利用したい商品やサービスなどを発見しましょう。

クライアントを具体的に想定し、目的を明確にする

　私は、現在の映画館業界におけるリーダー企業をクライアントとして考えたいと思います。

　そして、今回のケースは近年のサブスクリプション型動画サービスの普及による映画館の収益減少に対する打ち手として、映画館とシナジーがある新たなビジネスに挑戦したいというテーマだと解釈しました。

現状の映画館の来場者と利用目的を想像する

　私は、映画館の来場者層は「個人」「カップル」「友人グループ」「ファミリー」の4つに分けることができ、その各々で映画を観たいというニーズ以外に以下のような別の利用目的があると考えます。

来場者	利用目的
個人	・暇つぶし
カップル	・デート中のイベントの1つ ・2人の空間、時間の共有
友人グループ	・共通の趣味を楽しむ
ファミリー	・家族の時間をつくる ・子どもを楽しませる

　すなわち、映画以外にもこのような利用目的を果たせる商品やサービスを開発できれば、新規や追加の需要を獲得できるのではないでしょうか。

ここからは映画館とのシナジーを意識しながら、新しいビジネスを検討していきます。

各々の利用目的を満たすようなビジネスを想像する

先ほど整理した利用目的のそれぞれについて、映画鑑賞以外にどのような商品やサービスで達成されるかを想像しました。

たとえば、暇つぶし目的で映画館に来ている人は、別のタイミングあるいは映画館の前後では、買い物や読書などで暇をつぶしているかもしれません。同様に、それぞれの来場者の他の目的達成方法は以下のように考えられます。

来場者	利用目的	他の目的達成方法
個人	・暇つぶし	・買い物 ・読書、ゲーム
カップル	・デート中のイベントの1つ ・2人の空間、時間の共有	・買い物、食事 ・カラオケ、プラネタリウム
友人グループ	・共通の趣味を楽しむ	・スポーツ ・ゲーム
ファミリー	・家族の時間をつくる ・子どもを楽しませる	・公園、遊園地 ・食事

他の目的達成方法をもとに、具体的なビジネスを検討する

ここまでの検討から、買い物や食事、ゲームなどは映画館と本質的には類似した価値を提供していることがわかりました。このようなビジネスを映画館やその周辺で提供できれば、相互送客などの効果をとおして、当該ビジネスと映画館事業の収益を高め合うシナジー効果が期待できるのではないでしょうか。

そこで、映画館周辺で提供できるかという観点から、新たなビジネスアイデアを3つ企画します。

映画館周辺で提供が 可能なサービス	映画館との関わり方のイメージ
コンセプトカフェ	映画に関連するコンテンツに特化したカフェを提供し、映画鑑賞の前後での来店を促す。また、リアル空間での食事をフックに映画館への来場を促す（既に取り入れている映画館も一部存在する）
プラネタリウム	デートコースとしての魅力を向上させ、1日滞在してもらうことで映画館、プラネタリウムともに収益獲得を目指す
キッズスペース	デパートにあるような子ども向け遊具やゲームコーナーを設置し、「1日遊べる場所」としての価値を提供する

　ほかにも、たとえばeスポーツの場を提供して友人グループ向けの遊び場を提供するビジネスなども考えられるでしょう。

　以上となります。ありがとうございました。

面接官とのQ&A

Q 提案いただいたサービスは、映画館周辺の他事業者の施設で遊ぶよりも魅力的なのでしょうか？

A 単純なカフェやプラネタリウムでは魅力が薄い可能性もあるため、映画チケットの半券で割引を行うなどの金銭的なインセンティブを設計したり、上映中の映画とのコラボ企画などの映画館ならではのコンテンツを提供したりすることが重要と考えます。

Q 映画館の周辺以外のビジネスを考えなかった理由は何でしょうか？

A シナジーを発揮するという観点から、映画館周辺のビジネスを検討しました。映画館で告知などを見て周辺以外のビジネスに興味を持つことは、現在の映画館の広告モデルでも見られるため想定できます。しかし、周辺以外のビジネスから映画館への送客はなかなかアイデアが湧かず、映画館周辺のビジネスの方が既存の資産を活用できる意味でも実効性と実現可能性が高いと考えました。

Q 顧客層ごとに映画鑑賞以外の利用目的を想像し、それを満たす新しいビジネスを検討されていました。これとは異なる、映画館とのシナジーが期待できる新規ビジネス検討のアプローチはありませんか？

A 別のアプローチとして、「映画館そのものの資産を、映画鑑賞以外の目的で、いかに活用するか？」と考える方法もあると思います。たとえば、講演会場としての場所貸しや、スポーツのライブビューイングなどが想像できます。ただ、このようなビジネスは映画館の大きなビジネスの1つに該当するものと感じており、今回のシナジーが見込めるビジネスとして適当であるかは認識を合わせる必要があると思います。

▼

将来予測の技術
「シナリオプランニング」

　ケース面接問題としても出題される、中期経営計画を始めとした企業の戦略策定の場面では、過去・現在の分析に加えて将来を予測し、変化に備える必要があります。現在はVUCAと言われる目まぐるしい変化が起こり、様々な業界で既存の秩序が覆されてしまう時代であるため、戦略策定における将来予測の重要性も高まってきています。しかし、将来を正確に予測することは非常に難しい行為です。手元にあるスマートフォン1つとっても、手紙しかなかった時代や電話が発明された時代から、現代の機器を予測することは難しかったでしょう。

　ただ、将来を完璧に予測することはできなくとも、その兆しを捉えて未来を想起することは可能です。たとえば、ニュースなどでは昨今の生成AIの進化や日本の人口問題、サステナブルな社会を求める機運の高まり、大災害のリスクといった様々な変化について報じられており、それらが未来に続く環境変化の兆しとなっているかもしれません。

　今回は、環境変化を察知し、その延長線上にある多様な将来のシナリオを予測する「シナリオプランニング」という手法と実際のケース面接問題への応用について解説していきます。

シナリオプランニングとは

　シナリオプランニングとは、複数の環境変化を組み合わせることによって、いくつかの将来シナリオを検討する手法です。この手法を用いることで、1つの環境変化の先にある連続的な単一の未来ではなく、複数の環境変化の組み合わせで起こりうる複数の非連続な未来（将来シナリオ）を想像し、対策を検討することができます。

　具体的な手順としては、まず中長期的に起こりうる環境変化[5]の洗い出

シナリオプランニングの検討ステップ（企業が実践する場合）

ステップ1 **環境変化の洗い出し**	業界全体や自社、事業エリア等に影響を与える中長期的な環境変化を洗い出す
ステップ2 **環境変化の評価**	洗い出した環境変化を「インパクトの大きさ」と「不確実性の高さ」の2つの観点から評価する ・環境変化が業界や自社に与えるインパクトの大きさを評価する ・環境変化が起こるか否かの不確実性の高さを評価する
ステップ3 **将来シナリオの作成**	環境変化によって生じる将来シナリオを作成する ・「インパクトが大きく、不確実性の高い環境変化」を2つ程度選択し、個々の環境変化が生じるか否かで複数の将来シナリオを作成する ・「インパクトが大きく、不確実性の低い環境変化」は、ベースシナリオ（すべてのシナリオのもとになるもの）として捉える
ステップ4 **将来シナリオに対する戦略・対策の検討**	将来シナリオをもとに、自社における機会と脅威を明確化し、取るべき戦略・対策を検討する ・将来的な変化に備えるための対応策と、将来シナリオが現実化した場合に取り組むべきことを整理する

5　ここでの環境変化とは、政治的、経済的、社会的、技術的な要因などによって、長期的に社会や市場に影響を与える大きな変化を指します。

しを行い、それらを評価します。次に、その中でも特に重要となる環境変化（将来へのインパクトが大きく、不確実性が高いもの）を選定し、それらの組み合わせによって起こりうる将来シナリオを定義します。最後に、将来シナリオが現実化した場合における具体的な戦略や対策の検討を行います。

ケース面接問題におけるシナリオプランニングの使い方

シナリオプランニングの考え方を実際のケース面接問題に応用するには、次の4つのポイントを押さえておくとよいでしょう。面接時間は限られていますので、手法に囚われすぎずに検討範囲を絞り込んで活用しましょう。

ポイント1：環境変化の洗い出しはロジカルかつ簡潔に行う

まず、環境変化の洗い出しについては、「たぶん、こうなると思います」といった主観的な発言をしないようにしましょう。PESTLE分析（124ページ参照）などの切り口を用いて網羅性を担保しつつ、面接官にとっても納得度の高い検討を行うことが重要です。

また、環境変化の評価を行う際にも、検討対象の企業や業界におけるビジネスモデルの把握や、ファイブフォース分析（126ページ参照）などのフレームワークを用いた業界構造分析を行うことで、納得度の高い説明を心がけましょう。

とはいえ、PESTLE分析やファイブフォース分析の1つ1つの観点（PESTLE分析であれば、政治・経済・社会・技術・法律・環境の6つの観点）について、網羅的に情報を列挙することはNGです。

ケース面接問題では、各分析のフレームワークを頭の中に入れておいて、検討対象が考慮すべき内容にフォーカスして面接官に発言するとよいでしょう。

目安として環境変化に対する議論は1〜3分程度でよく、その後の戦略に関する議論に時間を取ることが望ましいです。

ポイント2：シナリオは1つでよい。大胆なシナリオを想定し、その中での対象の変化を考えてみる

実際の企業における戦略検討の場面では、複数の環境変化を組み合わせ、複数のシナリオを作成しています。しかし、ケース面接問題の限られた時間においては、1つのシナリオに絞って検討することをお勧めします。

ただ、現在の延長線上にある未来と大きくは変わらないような将来シナリオについて検討してしまうと、面接官から「既に対策を講じているのでは？」「将来シナリオを検討した目的は？」などの指摘を受けるでしょう。

したがって、不確実性は高いけれどもインパクトの大きな複数の環境変化によって生じる「大胆な将来シナリオ」を想定し、現在とは異なる戦略検討につなげていきましょう。

ここで、「不確実性が高い環境変化」とは、環境変化が生じるか否かや生じるタイミングがわからないもので、環境変化が生じた際の影響度合いが未知数なものです。

インターネットが生まれた初期の時点では、世界に普及するかどうか、普及した先の未来がどうなるのかを想像することは難しかったのではないかと思います。

ケース面接問題では、このような不確実な変化に着目して、検討対象がどのような戦略を描く必要があるのかについて面接官と議論するとよいでしょう。

ポイント3：シナリオにタイトルをつけ、面接官とイメージを共有する

将来シナリオを作成する際に、「わかりやすいタイトルをつける」ことも重要です。「環境変化が起こった未来をひと言で表すならば、どのような未来か？」などと自分に問いかけながら、シンプルでわかりやすい説明を心がけましょう。

「このような環境変化を踏まえると、将来は『○○○○な世界になる』と考えました。」などと、シンプルなタイトルを伝えることで、面接官も

将来シナリオをイメージしやすくなり円滑に議論できるようになるでしょう。

ポイント4：大胆なシナリオにおける、
対象がとるべき戦略や打ち手のアイデアを出す

　将来シナリオを作成できたところで、とるべき戦略や打ち手について検討していきましょう。ここでは、将来シナリオにおける機会と脅威などを切り分けたうえで、アイデアを洗い出していくことなどが効果的です。

　不確実性が高い将来シナリオにおいては、実際に個々の環境変化が生じるきっかけやシグナルを想像し、現実化した際に取り組むべきことを整理できるとよいでしょう。

　もし時間がある場合は、将来シナリオが事業に与えるインパクトを定量的に評価したうえで、戦略や打ち手を講じることによる定量効果を試算することが好ましいです（選考突破者の中でも一部のトップ層が実践しており、面接官から求められることは少ないです）。

30年後の不動産業界を見据え、大手デベロッパーの将来戦略を立案してください。

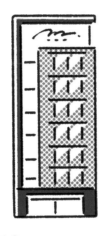

▶回答のヒント

→ 不動産業界のデベロッパーとは「土地や街の開発事業者」を意味し、大規模な宅地開発やリゾート開発、都市開発、交通網整備を行う企業を指します。

→ 現在の事業における環境変化（政治的、経済的、社会的、技術的な要因などによって、長期的に市場に影響を与える大きな変化）を想定し、30年後の不動産業界をイメージしましょう。

→ 30年後も大手デベロッパーが事業を継続・発展しているためには、どのような自社の変革が必要となるでしょうか。具体的に考えてみましょう。

回答のポイント

→ **長期的な経営環境の変化を見据え、企業変革の方向性を明らかにする**
大手デベロッパーの既存事業を整理したうえで、事業に大きな影響を与えうる環境変化を想像し、30年後も発展し続けるための企業変革の方向性を具体化しましょう。

大手デベロッパーの既存事業の特徴を整理する

大手デベロッパーの既存事業を建物の用途別に整理すると、①**オフィス**、②**商業施設**、③**住宅**の３つが代表的な領域と整理できます。また、スタートアップ支援、物流施設などの④**その他事業**も出てきています。

また、収益化の方法は、建物のストックを保有し賃料を得る**賃貸事業**と、建物を売却して収入を得る**分譲事業**に分類できます。

上記の分類に対し、大手デベロッパーの主力の事業領域は、「オフィス・商業施設の賃貸事業」と「住宅の分譲事業」だと整理できます。

	①オフィス	②商業施設	③住宅	④その他事業
賃貸	主力の領域		少ない	－
分譲	少ない	ほとんどない	主力の領域	

今回は、賃貸事業の中でも売上や収益率が高く、大手デベロッパーの主要事業である**オフィス賃貸事業**と、分譲事業の柱となる**住宅分譲事業**に注目して将来戦略を検討します。

30年後の事業に大きな影響を及ぼす環境変化を特定する

戦略の立案に際して、30年後におけるデベロッパー事業の経営環境の変化について整理します。

まず、社会の変化として、人口減少や今以上の高齢化社会到来に伴う労働人口の減少から、オフィス全体の需要は減少することが想定されます。

　また、技術面では、VRやメタバースなどの技術の発展に伴い、場所の制約が取り払われた社会が実現することで、自宅やサードプレイスでの勤務が増加し、こちらによってもオフィスへの出社率が減少すると想定されます。

　さらには、AIやロボット技術が発展し、一部の仕事を代替するようになることで、高付加価値を生み出すホワイトワーカーの割合が増え、オフィスに求められる機能は高度化していくと考えられます。

　これらの内容を踏まえると、大手デベロッパーの主要事業における「オフィス」と「住宅」について次のような環境変化が生じると考えます。

デベロッパーの 主力事業	想定されるトレンド
オフィス	・オフィス需要全体は縮小していく ・利用されるオフィスは、従来以上に高度な機能が求められる
住宅	・高齢者やテレワークの住民に寄り添った形態が求められる

▍環境変化への対応に不可欠な要素を考え、将来戦略を立案する

先の整理を踏まえると、

・オフィス需要の変化に対応し、オフィス供給を最適化しながら高付加価値のオフィスを提供すること
・住宅の用途が多角化するなかで、時代に即した住宅を提供すること

が大手デベロッパーの成長には不可欠と考えます。

　また、オフィスは賃貸事業によるストックビジネス（契約によって継続的に収入を得られるビジネスモデル）、住宅は分譲事業によるフロービジ

ネス（売り切り型のビジネスモデル）であることから、オフィス事業の減少に合わせて既存のオフィスストックを住宅などに用途変更し、最適な売り切りを目指す事業最適化の戦略を取ることが有効と考えられます。

したがって、複雑かつ急速に変化する環境に適応しながら成長していくために、**時代を正しく捉えて順応的に戦略を変更する専門組織として「デベロッパーシンクタンク」を経営陣の直下に据え、経済動向や時代の変化に準じた需給ギャップやニーズの変化を把握することを提案**します。

自社に最適な事業環境の分析を、経営に近い立場の組織として内製化し、中期計画よりも細かい粒度で経営方針・事業方針に反映できる企業体制を確立することが、30年後の不動産業界を見据えたときの大手デベロッパーの将来戦略として有効と考えます。

以上となります。ありがとうございました。

面接官との想定Q&A

Q 今回のケースでは、賃貸事業について、なぜ商業施設の領域ではなくオフィスに注目したのでしょうか？

A 主要事業の中で、より変化が求められる領域と考えたからです。商業施設は日常的に利用するtoC（個人向け）ビジネスのため、デベロッパーのEC参入やIoT技術を活用した販促・省人化の取り組みなど、時代の変化に即した施策やビジネスモデルの変化が既に盛んな印象です。一方、toB（法人向け）のオフィス事業は、契約期間も長く世間のトレンドの影響を受けにくいため、30年後という長期的な観点で能動的に将来戦略を考え実行する姿勢が商業施設以上に重要になると考え、そちらの領域を選定しました。

Q 事業を取り巻く環境変化についてはコンサルタントなどの外部パートナーの方が詳しい可能性もある中で、なぜシンクタンク機能を内製化するのでしょうか？

A 「時代に即して常に変わり続けること」を実現するためには、内製化が必要と考えたからです。大手デベロッパーのような歴史と伝統のある会社では、経営陣も自社の現場で経験を積んできた新卒入社の人材であることが多く、外部パートナーの意見に耳を傾けることはあっても、最終的な意思決定では内部の視点を重視する傾向にあると考えます。そのため、経営に近い立場で同様の機能を持つ内部組織を立ち上げることが有効と考えました。

Q 今回の提案以外の戦略として、他に何か考えられますか？

A 物流施設などの「その他事業」の中で30年後に必要な要素を考え、事業領域を強化する提案も検討できそうですが、時代に沿って変化できる体制の構築がより根本的な課題と考えます。

Q20

化粧品業界の
ベンチャー企業の新規事業
を企画してください。

・回答のヒント・・・・・

→ 化粧品業界のベンチャー企業について、現在の事業概要（製品カテゴリ、主
　な製品とユーザー、製品の提供方法など）を具体的にイメージしましょう。

→ 新規事業の方向性として、新規顧客を開拓するのか、製品を開発するのか、
　顧客も製品カテゴリも異なる新しい市場に参入するのか、具体的に考えまし
　ょう。

→ 新規事業のアイデアを評価し、有望なアイデアの実現に向けた今後の検討内
　容についても言及しましょう。

> **→ 新規事業の目的を定め、既存事業との違いを明確にする**
> 化粧品業界のベンチャー企業の既存事業について認識を共有したうえ
> で、新規事業の目的を定め、どのような顧客にいかなる価値を提供す
> るかの方向性を整理し、アイデアを具体化しましょう。

ベンチャー企業の解像度を上げてから、新規事業の検討に入る

　私は、今回のクライアントを女性向けに基礎化粧品（洗顔、化粧水、美容液など）を製造販売しているような化粧品メーカーと想定します。オーガニック化粧品などの製品を質の高い原料から開発し、SNSでの広告を活用して、若い健康志向の女性から支持を集めているような企業です。

　また今回、クライアントは「事業規模の拡大」を目的として、新規事業を検討していると仮定しました。

既存事業の要素を活かし、新規事業のアイデアを発想する

　まず、当社の既存事業について、次のように設定してみます。

既存事業の目的	・人々の健康と美を両立させること
目的を達成する手段	・オーガニック基礎化粧品の販売 ・オーガニック原料で化粧品を作る技術 ・インスタグラムを活用したプロモーション、オンライン販売
ターゲット	・健康と美の両方を追求する女性 ・市場の化粧品の成分が身体に良いか悪いかわからないという女性

　今回の目的は新規事業を考えることですが、立案する新規事業は上の3つの要素と少なからず関係している方が、クライアントのブランドを活かすことができ、成功しやすいのではないかと考えました。

そこで、企業の大方針にあたる目的は維持したうえで、手段やターゲットを拡張または転換する方針で、新規事業のアイデアを考えていこうと思います。

　今回考えた新規事業のアイデアは次の4つです。

①：既存顧客をターゲットとして、メイクアップ化粧品を販売
②：男性向けのオーガニック基礎化粧品を販売
③：既存顧客にオーガニックサプリメントを販売
④：女性向けにアパレル（ポーチやトートバッグなど）を販売

　これらのアイデアについて、顧客、商品、チャネルの3つの観点から変更点と既存事業との共通性を評価すると次の表のようになります。

	既存事業	① メイクアップ 化粧品	② 男性向け 基礎化粧品	③ サプリメント	④ アパレル
顧客	若い健康志向の女性	◎	美意識高めの男性 △	◎	若く流行に敏感な女性
商品	オーガニック基礎化粧品	メイクアップ化粧品	◎	オーガニックサプリメント	アパレル ×
チャネル	インスタ広告 オンライン販売	◎	◎	◎	実店舗なしには売れなそう

※既存事業との共通性が高いものから順に◎○△×と評価した

|「既存事業との共通性」と「市場の魅力度」の観点から評価する

　先ほどの新規事業アイデアについて、その事業を始めるコスト、見込める売上、売上以外に得られるものを検討してみました。

① メイクアップ化粧品	・開発への投資を要するも、既存顧客を基盤として一定の売上は見込める ・基礎化粧品からメイクアップ化粧品まで提供することで、さらに「人々の健康と美の両立」に貢献できるようになり、より強固な顧客基盤を得られる
② 男性向け基礎化粧品	・女性向け製品は展開しているため、開発費用は低く抑えられる ・インスタを利用した広告は得意なので、若い男性にリーチできる ・男性向け化粧品市場は競合企業が少なく、早くリリースできれば優位に立てる
③ サプリメント	・単独で開発するのは困難。サプリメントの販売には化粧品とは異なる規制もある ・サプリメントメーカーとの協業が必要であり、ベンチャー企業の当社にとって旨味のある契約、協力関係を構築できるかは不明
④ アパレル	・企画や製造は外部委託となる。当社ブランドのロゴがプリントされた製品を想定 ・デザイン性が高ければ可能性はあるが、実店舗がないため魅力を伝えることは難しい ・新規事業というよりは、プロモーション戦略の一環として行うようなイメージに近い

　以上を踏まえ、「既存事業との共通性」と「市場の魅力度」の観点から定性的に評価すると次の図のようになるため、①メイクアップ化粧品と、②男性向け基礎化粧品の新規事業アイデアが良いと考えられます。

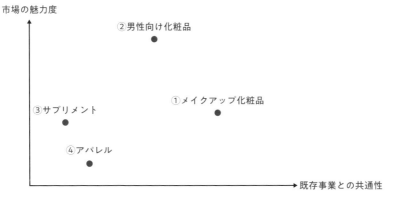

市場の魅力度

②男性向け化粧品

①メイクアップ化粧品

③サプリメント

④アパレル

既存事業との共通性

今後の進め方について提案する

最後に個々の新規事業開発の進め方についても補足させてください。

まず、①メイクアップ化粧品に関しては、手当たり次第にメイクアップコスメを開発するわけにはいかないので、何を開発するかを決めるための調査が必要です。

メイクアップコスメの中で、どれがよりオーガニックであるニーズが高いのか（肌に塗る化粧下地なのか、目に近いアイシャドウなのかなど）を明らかにし、そこで判明したニーズをもとに開発に着手すべきと考えます。

また、調査と平行して、オーガニックな着色料の探索や研究も必要ではないでしょうか。調査の結果が出る前にある程度研究を進めておいた方が、その後の開発スピードを上げることができそうです。

②男性向け基礎化粧品に関しては、本当にこのような製品の開発と販売に乗り出すかを決めるために、男性のオーガニック基礎化粧品に対する需要の程度を調査すべきと考えます。

ターゲット顧客としては、現状のSNSによる広告やチャネルを活かせる、10代後半〜30代前半の男性を対象にするとよいと思います。

一定の需要があり、十分な市場規模（潜在的な顧客がたくさん見込める）があれば参入に向けて製品開発を進めていきます。

以上となります。ありがとうございました。

面接官とのQ&A

Q 「事業規模の拡大」を目的として、最終的に2つの新規事業アイデアを提案いただきました。本当に目的を達成できると思いますか?

A 達成できると考えています。ご提案させていただいたメイクアップ化粧品の開発は、当社の基礎化粧品を愛用されている既存顧客を中心に利用を促進することで、客単価の向上が期待できると考えます。

また、男性向け基礎化粧品に関しても、近年では資生堂や富士フイルムなどの大手メーカーが女性向けだけでなく、男性向けの基礎化粧品を販売していたりしますので市場は十分に存在すると考えられます。当社の強みであるオーガニック基礎化粧品を訴求することができれば、新しい顧客層の開拓による売上の増加が実現できます。

Q 新規事業の検討に際して、何を一番意識しましたか?

A 「顧客が望んでいる価値は何か」を特に意識しました。私は、既存事業の目的に沿って、ターゲット顧客を「健康と美の両方を追求する女性」としていましたが、目的を見失わずに現状からもう一歩踏み込んだ新規事業のアイデアはないかと考えました。

Q 今回の提案内容はわかりやすく、検討の価値はあると思う一方で、ありきたりな気がしています。他に新規事業のアイデアを出せないでしょうか?

A 当社の技術力を活かし、化粧品業界に新たに参入したいと考えている異業種の製品開発を請け負う事業はどうでしょうか。当社の目的(健康と美を両立させる)と合致するような事業者と連携し、各事業者のブランドや販売チャネルをとおして、当社が手掛けた製品を広く世に出していく事業成長の道筋もあるように思います。

▼

新規事業の方向性と
検討アプローチ

　ケース面接問題には、既存事業の問題解決だけでなく、クライアントの新規事業を企画するような問題もあります。全くのゼロから、いきなり新規事業のアイデアを具体化することは大変難しく、志願者の多くが苦戦しています。

　ここでは、新規事業の方向性や検討アプローチを学び、本番のケース面接問題でアイデアを捻りだせる思考の引き出しを増やしましょう。

新規事業の3つの方向性

　企業の成長戦略を「製品」と「市場」の観点からそれぞれ「既存」と「新規」に分けて分析する「アンゾフの成長マトリクス」というフレームワークがあります（次のページの図表）。これを踏まえると、新規事業には大きく3つの方向性があることがわかります。

　1つ目は「**新市場開拓**」で、既存の製品を新規の市場に投入することで成長を試みる戦略です。新たな製品開発をすることなく、販売エリアやターゲットを変更することで市場を広げていきます。

　たとえば、ピアノ教室が新たに大人の初学者向けのレッスン（子ども向けのレッスンと同じ内容）を提供したり、エステサロンが別のエリアに新

規出店したりすることが挙げられます。

　2つ目は「新製品開発」で、既存の市場に対して新規の製品を投入して成長を試みる戦略です。普段接している顧客のニーズや顧客からの認知度を活かすことができます。

　たとえば、フィットネスクラブが会員向けにオリジナルのサプリメントを販売したり、スーパーが宅配サービスを開始したりすることが挙げられます。

　3つ目は「多角化」で、製品と市場を同時に新しくすることで成長を試みる戦略です。新たな市場で新たな収益機会を得ようとする最もリスクの高いものですが、既存の事業ではこれ以上の成長が見込めなかったり、技術革新の影響などで既存のビジネスモデルが成り立たなくなったりした場合に検討されます。

　たとえば、コンビニチェーンが銀行業界に参入したり、食品メーカーが基礎化粧品を開発したりすることが挙げられます。

　以上のように、新規事業には、市場を新たにするか、製品を新たにするか、その両方を新たにするかという3つの方向性があります。ケース面接問題においては、クライアントや取り巻く経営環境を踏まえて、アイデアを出しやすい方向性を選択しましょう。

	既存の製品	新規の製品
既存の市場	**市場浸透** ※新規事業ではなく、既存事業の成長戦略。 現在の製品・市場領域でのシェアアップを図る戦略。	**新製品開発** 既存市場に対して新製品を投入して成長を試みる戦略。物理的な製品に加えて、新しいデザインやサービスなどのソフトも含む。
新規の市場	**新市場開拓** 既存製品を新たな市場に投入することで成長を試みる戦略。海外進出のような地理的側面だけでなく、新たなターゲット顧客の開拓なども含む。	**多角化** 市場と製品を同時に新しくすることで成長を試みる戦略。最もリスクが高いが、企業変革に直結する。

新規事業の6つの検討アプローチ

より具体的に新規事業を検討するためのアプローチを6つ紹介します。

	アプローチ	概要
マーケット	市場起点 (顕在ニーズ)	・今後拡大が見込まれる市場の開拓や需要が見込める地域への進出、有望な顧客層の開拓に向けて新規事業を検討するアプローチ ・新規事業による売上向上などのインパクトを具体的に説明しやすいが、魅力的な市場には競争相手も多いため、いかに差別化した価値を提供するかは要検討
	人間起点 (潜在ニーズ)	・商品やサービスの利用者が感じている本質的な価値を特定したり、日常の「不」の体験(不便や不快、不満に感じること)を解消できないかと考えたりして新規事業を検討するアプローチ ・具体的で印象に残るアイデアを生み出しやすいが、どの程度の市場があるか(潜在的な顧客がたくさんいるのか)は冷静に評価すべき
リソース	技術起点 (自社が提供可能)	・自社の技術を活かした新商品開発の検討や、今後注目される技術領域から新規事業を検討するアプローチ ・市場のニーズに合致すればインパクトも大きく、競争優位性を維持しやすいが、投資規模が大きくなりがちで時間も要する
	ブランド起点 (顧客が受容可能)	・業界や自社の事業が顧客に与えているポジティブな印象や顧客から持たれているイメージに沿った新規事業はないかと検討するアプローチ ・既存の顧客を中心に受け入れられやすい一方、自社の技術やノウハウを活かせない新規の商品であれば外部パートナーとの連携が必要となる
モチベーション	経営理念起点 (自社の意思)	・自社が掲げる理念を新規事業で達成できないかと検討するアプローチ ・従業員からの理解は得やすいが、抽象的なアイデアになりがち。何が自社に不足しているか、今後の経営環境の変化を見据えて何をすべきかと具体化することが必要
	社会課題起点 (社会的意義)	・現在問題視されている社会課題やこれから顕在化する社会課題は何かを考え、それを解決するような新規事業を検討するアプローチ ・共感を得やすいが、新規事業が社会課題の部分的な解決に留まりがち。インパクトのある事業とするには、自社に閉じず、他社や行政等との連携の仕組み(エコシステム)まで考えるとよい

　6つの検討アプローチは、市場や人間（顧客）といったマーケットを起点に検討する方法、自社の技術やブランドといったリソースを起点に検討する方法、経営理念や社会課題といったモチベーションを起点に検討する方法に分けられます。

　発想の起点として、どのようなアプローチから検討するとアイデアを具体化できそうか、頭に入れておくとよいでしょう。

　なお、いずれのアプローチにおいても、新規事業における**「自社が提供できて、競合他社が提供できない、顧客が求める独自の価値（バリュープロポジション）」**を明確にしましょう。このバリュープロポジションを明確にできれば、面接官に対しても新規事業の意義や特徴をわかりやすく伝えることができます。

　特に、技術起点や経営理念起点、社会課題起点で新規事業を検討する際には、**「顧客は誰か」「顧客が抱えている課題は何か」「（課題を背景に）顧客が望んでいる価値は何か」**という視点を忘れがちで、面接官からも「それはどのような顧客のニーズを満たすもので、どの程度の需要が想定されますか（潜在的な顧客はたくさんいますか）？」と指摘されることが多いため、しっかり意識するようにしましょう。

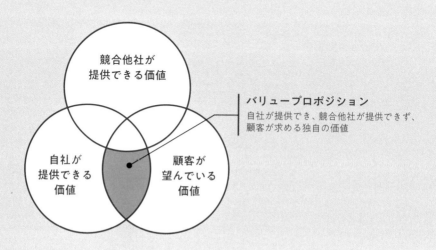

小学生の読書量を 増やすには、どうすれば いいでしょうか？

▶回答のヒント

→ 読書量を増やす打ち手を実行する主体を明確にしましょう（政府、小学校、 など）。

→ ここでの「読書」とは具体的に何を指すかをはじめに定義しましょう。

→ 小学生が「読書」をする場面を思い浮かべながら、読書量を増やす打ち手を 検討しましょう。

回答のポイント ・・・・・・・・・・・・・・・・・・・・・・・・・・・・・・・・

→ 打ち手の実行主体や「読書」の定義を明確にする

「誰がこの問題に取り組むのか」という実行主体と「読書」という行為を定義し、実行主体が取り組むべき課題を具体化しましょう。

読書量の改善に取り組む主体を明確にし、「読書」という行為を定義する

今回、私は各地域の小学校（の教師）が、自身の小学校の児童の読書量の改善に向けて取り組むことを想定し、具体的な打ち手を検討します。

また、検討に際して、「読書」という行為を「読み手が活字の読み物を自ら選択し、授業やテストなどの"勉強"とは別の目的で読み進める行為」と定義します。すなわち、学校の教科書を読むことは「読書」には該当しないと考えました。

小学生が「読書」をする場面を思い浮かべ、構造的に整理する

小学生が読書をする場面は、児童が自ら本を選んで読書する「能動的読書」と、長期休暇の課題図書など、親や教師の勧めによって本人の意思にかかわらず読書する「受動的読書」の2つに分けられます。

「能動的読書」は児童が進んで読書をしようとしている状況にあるため、能動的読書を増やすためには、

・児童が読書できる時間を増やす
・自由な時間の中で、読書に費やす割合を増やす

ような打ち手を講じることで、読書量を増やすことができます。

一方、「受動的読書」は親や教師が児童に対して何らかの読書をする機

会を与えるような状況にあるため、

読書量＝読書機会×機会あたりの読書量

と考え、「読書機会」と「機会あたりの読書量」を増やす打ち手を考えればよいと整理できます。

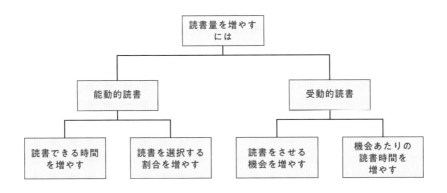

▎実行主体である小学校が取り得る打ち手を検討する

今回は打ち手の実行主体が小学校（の教師）であることを踏まえ、教師の目が行き届く「**平日**」と、教師の深い関与が難しい「**土日や長期休暇**」について、それぞれ別の打ち手を講じることを提案します。

平日については、管理が比較的容易で、緊張感も形成しやすいことから「受動的読書」を増やす打ち手が有効と考えます。

ひと月1冊の本を読むなどの具体的な目標を据えて、読書の機会を制度的に増やす打ち手が効果的と考えられます。

土日や長期休暇については、読書そのものの楽しさを生徒に伝えるためにも、「能動的読書」の増加に取り組むべきと考えます。

具体的には、教師が小学生時代好きだった本を感想と共に書き出し、長期休暇の自由読書に向けて紹介するなど、生徒が興味をもつ本の魅力発信を教師主導で進行することが効果的と考えられます。

面接官とのQ&A

Q 小学校以外に「小学生の読書を増やす」ことを課題に感じている主体にはどのようなものがありますか?

A 小学校以外でこの課題に取り組む主体には、マクロな観点として「文部科学省」などの行政が日本全体に施策を展開するパターン、ミクロな観点として家庭単位で児童個人に読書を促すパターンがあると想定できます。

Q 今回の「読書」の定義は、どのような意図を持って定めましたか?

A 読書を自発的な「知の探索」の営みと想定しました。「小学生の読書量を増やす」最大の目的を想像したときに、教科書や参考書類ではなく、人格形成につながるような個々の興味に基づく活字媒体との接触が重要と考え、「読み手が活字の読み物を自ら選択し、授業やテストなどの"勉強"とは別の目的で読み進める行為」という今回の定義を設定しました。

Q 「受動的読書」を促す平日の打ち手と、「能動的読書」を促す土日や長期休暇の打ち手では、どちらが優先度が高いと考えますか?

A 「能動的読書」を促す土日や長期休暇の打ち手の方が優先度は高いと考えます。「受動的読書」の機会提供は読書する習慣づくりには有効ですが、あくまでやらされている状況に過ぎず、卒業などの環境変化とともに読書習慣もなくなってしまうことが考えられます。一方、「能動的読書」が児童に定着した場合は、児童間での波及効果や自発的な読書量増加も期待できるため、より根本的な問題解決につながると思います。

健康な生活を送るには
どうしたらよいか
考えてください。

.:回答のポイント.........................

→ **抽象的な言葉をいかに構造的に解釈できるか**
「健康な生活を送れている状態」を掘り下げてから、具体的な打ち手
の検討に入りましょう。
:....................................

| この問題における「健康な生活」の定義を明確にする

　今回の問いは「健康な生活を送るには」なので、まずは「健康な生活」
という言葉について整理します。

　私は、健康は「カラダ」と「ココロ」の2つに大きく分けられると考え
ています。

　そのうえで、カラダとココロの健康について、「健康な生活を送ること
ができている状態」とはどのようなものかを定義します。

　カラダの健康とは、「身体的に健康な生活を送ることができている状態」
であり、①**突発的な不調がないこと（病気やケガをしないこと）**と、②**恒
常的な不調がないこと（望ましい生活習慣を実現していること）**の2つを
満たしている状態とします。

　また、ココロの健康とは、「精神的に健康な生活を送ることができてい
る状態」であり、カラダの健康と同様に、③**突発的な不調がないこと（自
身の限界を超えた精神的ストレスを回避できていること）**と、④**恒常的な
不調がないこと（常にホッとできる環境に身を置いていること）**の2つを
満たしている状態とします。

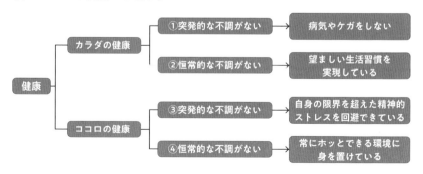

よって、これらの①〜④の状態に向けた行動をとることで、健康な生活を送ることができると考えます。

｜「健康な生活を送る」ための打ち手を考える

①〜④の状態に対する打ち手として、健康な状態を保つための「**予防的観点**」の打ち手と、健康な状態でなくなった際に元の状態に回復するための「**対処的観点**」の打ち手が考えられます。

次の表は①〜④の4つの状態と、打ち手に関する2つの観点から主な打ち手を整理したものになります。

「健康な生活」とは？	予防的観点	対処的観点
①カラダに突発的な不調がない →病気やケガをしない	予防接種など事前にできる対策を打つ	身体に異常を感じたら早期に病院を受診する
②カラダに恒常的な不調がない →望ましい生活習慣を実現している	寝る前のスマホ利用などを避け、長時間睡眠を習慣化する	平日に休息をとれなかった週は、週末に普段以上に休息をとることとする
③ココロに突発的な不調がない →自身の限界を超えた精神的ストレスを回避できている	自身の限界を踏まえて対応する仕事の量を管理する	周囲の人を頼り、負荷の一部を取り引き取ってもらう
④ココロに恒常的な不調がない →常にホッとできる環境に身を置いている	自身の安心を侵害する人たちに囲まれないコミュニティ選びを意識する	会社であれば部署異動や転職など、ホッとできる環境に身を移す

私は、これらの打ち手に即した行動をとることが、健康な生活を送るために重要と考えます。以上となります。ありがとうございました。

面接官とのQ&A

Q カラダとココロの健康のほかに、健康な生活を送るうえで考慮すべきことはありませんか?

A 今回の回答では、個人に焦点を絞って「カラダ」と「ココロ」の健康について検討しましたが、他者との関係性に焦点を絞ると、人間関係が良好であることや、周囲から認められること、孤独を感じていないことなども健康な生活には不可欠なように感じます。また、必要最低限の経済力がなければ、カラダとココロの健康を維持することは難しいと考えます。

Q 健康な生活を送るための打ち手を列挙されていましたが、どの打ち手が最も重要だと考えますか?

A 「④ココロに恒常的な不調がないこと」に該当する打ち手が最も重要と考えます。なぜなら、カラダの健康の実現は、ココロの健康が前提となるからです。ココロが不健康では、睡眠不足や過食・拒食などの状況が引き起こされるリスクが高まり、結果的にカラダの健康にも悪影響を及ぼします。そして、ココロの健康を考えるうえでは、基盤となる「恒常的な不調がないこと」の優先度が高いと思います。

Q たとえば、経営コンサルタントの職についている人が健康な生活を送りたいと考えたときに、今回の打ち手は全て実現可能でしょうか?

A 実現可能だと考えます。経営コンサルティングの仕事は一般的に忙しい印象がありますが、打ち手にも記載したように自分の限界を踏まえて仕事量を管理し、仮にキャパオーバーになった場合には無理に自己解決しようとせずに上司に相談することが重要だと思います。

日本における銃規制を
撤廃すべきか否か、
考えてください。

回答のヒント・・・・・・・・

→ 銃規制撤廃の検討主体を明確にしましょう（政府、企業、個人など）。

→ 銃規制撤廃の様々な影響について、客観的に情報を整理しましょう。

→ 銃規制を撤廃すべきか否かの意思決定において、何を重視するかの判断軸を
　定めて、自分の考えを主張しましょう。

回答のポイント・・・・・・・・・・・・・・・・・・・・・・・・・・・・・

→ 判断軸を定め、客観的に情報を整理して結論を出す
最初から自分の考えを主張せず、まずは客観的に情報を整理し、異な
る意見も考慮しましょう。

検討主体を決め、銃社会のメリットとデメリットを整理する

　私は今回、個人としての意見を述べるのではなく、多様な人々の意見を
考慮しなければならない「**政府**」の立場で、銃規制を撤廃すべきか否かに
ついて検討したいと思います。

　まず、銃規制を撤廃することの**メリット**と**デメリット**について、**政府・
企業・国民の視点**からそれぞれ整理してみます。

	メリット	デメリット
政府	銃関連産業の創造・発展による経済効果が発生する	治安が悪化するリスクと、その対応に向けた警察機能の強化などの負担
企業	銃関連事業の機会創出、銃に関連する要素技術の進化	安全対策に対応するための設備投資や研究開発費用の増加
国民	自己防衛能力の向上	犯罪発生時の被害の深刻化

　政府としては、銃関連産業（製品製造、部品製造、素材開発など）の創
造・発展は日本の経済にプラスに働く一方で、治安の悪化に伴う警察機能
の強化などの負担が発生するリスクがあります。

　企業としては、国内における銃関連市場が拡大することで、新しい事業
機会が生まれるほか、銃（製品や部品、素材など）の開発から得た技術を
他製品に転用できる可能性もあります。一方で、安全対策や新たな研究開
発に関する投資やコストは必要となります。

国民としては、銃を所持することで自己防衛能力は向上しますが、現状の警察機能が相対的に低下してしまうリスクも考慮すると、自分の身は自分で守らねばならなくなると考えられます。また、銃を使用した犯罪も発生することが予想され、被害の深刻化も懸念されます。

｜ 判断軸を定め、異なる意見への考えも考慮して結論を出す

　政府の立場で検討する以上、私は、銃関連産業の創造や発展に伴う経済効果よりも、「国民の安心安全な暮らしの維持」が重要であると考えます。

　仮に銃規制を撤廃した場合、銃を使用した犯罪の発生を未然に防ぐことは難しく、国民は自己防衛に努めなければならないと不安を抱えながら生活することを余儀なくされます。

　また、日本全体の経済効果の観点についても、確かに銃関連産業の発展による効果は考えられますが、治安の悪化による経済損失や警察機能の強化といった政府の負担拡大などを考慮すれば、必ずしもプラスになるとは言えないでしょう。

　したがって私は、政府として銃規制を撤廃すべきではないと主張します。以上となります。ありがとうございました。

面接官とのQ&A

Q アメリカでは銃を使用した犯罪がしばしば発生しますが、なぜ銃規制はなされないのでしょうか?

A 個人的な意見になりますが、「個人の権利」と「精神的なハードル」があるのではないでしょうか。すなわち、国民が既に銃を所持している状態から銃規制を実施することは、銃を所持するという個人の権利を奪うことになります。また私は、現在所持している銃を全て回収することは現実的ではないように感じており、銃規制がなされたとしても形骸化する恐れがあると推測します。そして、国民としてはやはり銃を所持して自己防衛力を維持しておきたいと考える人が多く、精神的なハードルも高いと考えます。

Q 仮に、銃規制を撤廃すべきと主張する場合、どのような視点があると思いますか?

A 将来における治安悪化のリスクという視点があると思います。私は今回、「警察が十分機能し、治安が良い」という前提で、国民は銃を所持していない方が安心安全に暮らすことができるという考えを主張しました。しかし、他国との関係悪化や経済不況に伴う犯罪率の増加などで、日本国内の治安が著しく悪化した場合、国民の自己防衛に対する需要は高まると考えられます。

Q 銃社会に移行するタイミングで発生しそうな課題は思いつきますか?

A 経済的理由から銃を購入できない人や障害を持っていて銃を操作できない人などへの対応が挙げられます。自己防衛能力に大きな差が出ないよう政府による適切な支援も求められるでしょう。

教科書のデジタル化に
賛成か反対か、
理由と共に答えてください。

⋯回答のヒント⋯⋯⋯⋯⋯⋯⋯⋯⋯⋯⋯⋯⋯⋯⋯⋯⋯⋯⋯⋯⋯⋯⋯⋯⋯⋯⋯⋯⋯⋯

→ デジタル化とは具体的にどのような状態を指すのかを明らかにしてから問題
　 に取り組みましょう。

→ 学習者視点や教育者視点など、デジタル化の是非を判断する立場を明確にし
　 て検討しましょう。

→ 賛成や反対のいずれであっても、デジタル化のメリットとデメリットの双方
　 を整理して、主観に寄りすぎない客観性を担保した主張を目指しましょう。

→ デジタル化によるメリット／デメリットを構造的に整理する
デジタル化のメリットとデメリットの双方を整理したうえで、どちらがより望ましいかを伝えましょう。

問題のあいまいな部分を定義する

今回、私は小学校などの初等教育現場を対象として、教科書のデジタル化の是非について検討します。なお、デジタル化に取り組む教育現場として、以下のような環境をイメージしています。

- 児童には無償でタブレット端末が支給されており、全教科の教科書やデジタル教材を使用できる
- 教員は教員用の端末を操作して授業を進め、ワークやドリルなどの問題は児童のレベルに合わせて難易度が調整できる
- 写真や動画の撮影など、一般的なタブレット端末の機能は使用できるが、インターネットやアプリの利用は制限されている

デジタル化によって影響を受ける層を大きく分類すると、児童と教員に分けることができます。私は児童側の立場から検討を進めたいと思います。

デジタル化によるメリットとデメリットを整理する

是非を判断するうえで、私はデジタル化によって児童側に生じるメリットとデメリットを考えてみました。これには、紙媒体の教科書がタブレット端末に置き換わるといった「ハード面の変化」や、これまでの授業を効率的に学べたり、多様な学習コンテンツを提供しやすくなったりするといった「ソフト面の変化」があると思います。

	メリット	デメリット
ハード	・荷物の持ち運びが減る ・場所を選ばず学習ができる	・故障・窃盗などのリスクがある ・電気や電波がない環境での学習が難しくなる
ソフト	・映像を含む学習コンテンツが豊富になる ・データの活用により個人ごとに最適な学習方法が選べる ・デジタル機器を活用することで、情報リテラシーが向上する	・集団で学習、コミュニケーションする機会が減少する恐れがある ・ネット上でトラブルに巻き込まれる可能性がある

｜ 検討内容を基に自分の意見を述べる

　以上のメリットとデメリットを踏まえた結果、私は教科書のデジタル化に賛成します。

　最も大きな理由は、学習機会の変化により享受できるメリットが大きいという点です。

　デジタル化によって①映像コンテンツの利用、②学習格差の解消、③児童ごとの学習内容の最適化など、より高い学習効果が期待できると考えます。たとえば、映像を上手く活用することで、文字情報だけではイメージしづらい内容もすんなり理解できるようになると考えます。また、近年話題となっている地方と都市部の教育格差という社会課題に対しても、均一な質の教育を届けることが可能となり、解決につなげることができると考えます。

　一方で、デジタル化によって様々なデメリットも生じると想定されますが、その多くは対策可能だと考えています。当然ながら、集団での学びの機会を意識的に提供したり、端末の故障や不正利用が発生しないように管理を徹底したりする必要はあります。

　また、児童と教員の関わり方なども変化することが考えられるので、児童への指導ガイドラインや新たなコミュニケーション施策などの充実化が求められると思います。

Q24

教科書のデジタル化に賛成か反対か、理由と共に答えてください。

面接官とのQ&A

Ｑ 児童の視点ではなく、教員の視点で考えた場合はいかがですか？

Ａ デジタル化に賛成します。教員側における最大のメリットに、「業務負荷の軽減」があると考えます。教員の過酷な労働環境が問題視されていますが、デジタル化によって授業の準備にかかる負担を軽減し、成績の管理も簡素化することで、業務効率化を推進できると考えます。

Ｑ ハード面とソフト面に分けて、メリットとデメリットを検討されていましたが、他にどのような切り口があるでしょうか？

Ａ 振り返ると、ハード面とソフト面の2つに分けたことで、その双方が影響を及ぼす「教室や家庭での学習環境」を分析しにくかった点が課題だったと感じています。したがって、もうひとつの切り口としては、デジタル化をとおして実現される「環境」を起点として、メリットとデメリットを検討できるとよいと考えます。

Ｑ 児童と教員の関わり方の変化について、より具体的にイメージを共有いただけますか？

Ａ デジタル化すると、手元の教科書とノートがデバイスに置き換わり、黒板もモニターやプロジェクタに置き換わると考えます。このようにイメージすると、児童は教員や黒板の代わりにデバイスを見る時間が増え、ノートを取るという作業もなくなり受動的な学習時間が増えるのではないかと感じます。対応策としては、児童が受動的になりにくいコンテンツを採用し、主体的に授業に取り組む環境を整えるとよいと考えます。例えば、練習問題の分量を増やしたり、関心を高める解説を工夫したりするなどが考えられます。

東京における
通勤ラッシュを解消する
打ち手を提案してください。

┌─ 回答のヒント ・・

→ 打ち手を提案するクライアントは誰か、具体的に想像しましょう（例：東京
都、鉄道会社など）。

→ 通勤ラッシュの発生原因を考え、解決する打ち手を洗い出してみましょう。

→ 洗い出した打ち手について、実効性（インパクト）や実現可能性といった観
点から絞り込んでみましょう。

回答のポイント・・・・・・・・・・・・・・・・・・・・・・・・・・・・・

→ 通勤ラッシュの発生原因を深掘りする
通勤ラッシュが発生する原因を深掘りし、想定するクライアントが実
行可能な解決策を提案しましょう。

クライアントを設定し、通勤ラッシュの発生原因を考える

　私は、今回のクライアントを東京都と想定し、電車通勤によるラッシュ
時の混雑をいかに解決するかを考えたいと思います。

　東京都が通勤ラッシュを問題視する理由には、遅延による「勤労者の生
産性低下」といった行政的観点に加えて、乗客者間のトラブルによる「乗
客者の満足度低下」といった都営交通業者の観点も考えられますが、今回
は行政の立場で検討することとします。

　現状のままでは、通勤時間帯では、交通機関が提供できる供給キャパシ
ティ（輸送可能人数）を移動需要（利用者数）が大きく上回ってしまい、
深刻な通勤ラッシュが発生しています。

発生原因を踏まえて、通勤ラッシュの解決策を洗い出す

　先述の通り、通勤ラッシュは供給キャパシティを大幅に上回る人々が利
用することで発生します。したがって、通勤ラッシュを解決する大きな方
向性としては「キャパシティを増やすこと（供給拡大）」と「利用者数を
減らすこと（需要縮小）」の2つが考えられます。

　まず、キャパシティを増やす方法として、（1）通勤ラッシュの時間帯
における運行本数を増やすこと、（2）車両数を増やすこと、（3）1車両
あたりの収容人数を増やすことが考えられます。

　次に通勤ラッシュ時間帯における利用者数を減らす方法として、（4）
移動需要全体を減少させること、（5）利用時間帯を分散させること、（6）
移動需要を電車以外の交通手段に分散させることが考えられます。

　（4）移動需要全体を減らす方法としては、在宅で仕事や学習ができる方

法を整備することが考えられます。(5)利用時間帯を分散させる方法としては、企業ごとに通勤時間をずらすことや、ラッシュ時以外の乗車にインセンティブをつけることが考えられます。(6)移動需要を分散させる方法としては、バスやタクシーなどの他の交通手段の利便性を向上し、活用を促すことが考えられます。

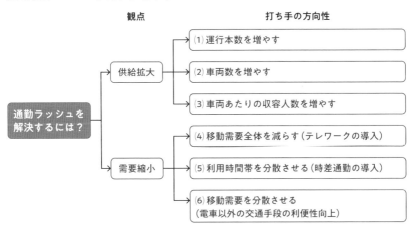

クライアントができることを考え、優先度の高い打ち手に絞る

では、打ち手の方向性を踏まえて、クライアントである東京都に何ができるのかを検討します。

供給拡大に関する打ち手については、主に鉄道事業者への金銭的な支援が考えられるでしょう。

需要縮小の観点に立つと、テレワークや時差通勤の導入に対しては業界団体や企業各社への呼びかけが主な打ち手となりそうです。電車以外の交通手段の利便性向上に対しては交通機関への働きかけや公共投資が主な打ち手としてあげられるでしょう。

打ち手の方向性	東京都ができること
・運行本数を増やす ・車両数を増やす ・車両あたりの収容人数を増やす	鉄道事業者への金銭的な支援
・テレワークの導入 ・時差通勤の導入	企業への呼びかけ
・他の交通手段の利便性向上	交通機関への働きかけや公共投資

　そこで個々の打ち手について、次のように実効性と実現可能性の2つの視点から優先度の高いものは何かを評価しました。

打ち手の方向性	実効性	実現可能性	総合評価
運行本数を増やす	○：供給拡大に直接影響する	×：現状、ラッシュ時は2、3分に1本電車が来る。これ以上の増便は難しい	×
車両数を増やす	○：供給拡大に直接影響する	×：都内の各路線車両を増やすには莫大な投資を要する（都庁の支援も限定的にならざるを得ない）	×
車両あたりの収容人数を増やす	○：供給拡大に直接影響する	○：車両の改装程度であれば、他の打ち手より少額の投資で対応できる（都庁の支援も有効に働く）	○
テレワークの導入	×：企業への呼びかけの強制力は弱い	○：企業への呼びかけは比較的容易に実施できる	×
時差通勤の導入	×：企業への呼びかけの強制力は弱い	○：企業への呼びかけは比較的容易に実施できる	×
他の交通手段の利便性向上	○：需要の分散に寄与	△：必要な投資額は大きいが、既存の交通機関と連携することで一定の打ち手を講じられる	○

　結果、私は、（A）鉄道事業者による車両改修を支援して車両あたりの収容人数を増やす打ち手と、（B）公共投資などで他の交通手段の利便性を向上し、移動需要を分散させる打ち手が有効であると考えました。

具体的に、（A）については、車両の椅子を撤去し、立って乗車する人を増やす方法や、座席前のスペースに立ち位置を示すサインを表示し、混雑するドア前の乗客をなるべく車両の内側に誘導する方法が考えられます。また、東海道線などの長距離路線については、ラッシュ時のみグリーン車を減らして普通車を増やすことや、ボックス席の撤去も有効だと考えます。

　（B）については、現状、バスやタクシーが鉄道の代替手段になっていないことに注意して考えると、時刻通りに運行する安価なトラム（路面電車）のようなものが効果的なのではないかと考えます。ラッシュ時以外のトラムの利用が見込めない場合は、現行のバスを活用することとし、ラッシュ時のみ道路をバス優先にするなどの手段で、バスの遅延を減らす方法も考えられます。

　2つの施策を行うことで、通勤ラッシュは解決すると考えます。

　以上となります。ありがとうございました。

面接官とのQ&A

Q 通勤ラッシュの発生原因として、抜け漏れはなさそうですか?

A 先ほどは定常的に供給量が不足していたり、需要量が大きすぎたりすることを原因としました。一方で、突発的な問題によって発生する通勤ラッシュを考えると、かけこみ乗車などの利用者マナーに起因する電車遅延や人身事故があると思います。

Q 今回は東京都をクライアントと想定しましたが、仮に鉄道会社に対して提案する場合には、どのような打ち手が望ましいと考えますか?

A 車両あたりの収容人数を増やすような取り組みは、鉄道会社としても実施しやすいと思います。その他、乗客にインセンティブを設けて時差出勤を促すことにも取り組めるのではないでしょうか。たとえば、混雑が予想される時間帯と早朝などのラッシュ時を避けた時間帯の乗車賃に違いを設けることで、乗客の利用時間帯を分散し、通勤ラッシュ時の対応に追われていた従業員の負担を軽減することができそうです。

Q 「乗客者の満足度低下」という問題は、通勤ラッシュを解決する以外の方法で、改善可能だと思いますか?

A 可能だと思います。ラッシュ自体の解消以外に、現状のラッシュ時に発生する乗客者の不便や不快といったマイナスを軽減する打ち手も有効だと考えます。たとえば、混雑率が高く、遅延や車内トラブルが頻繁に発生している駅を特定し、鉄道各社の人員に加えて東京都からスタッフや支援ロボットを送り、より丁寧な乗客者のサポートをできるとよいのではないでしょうか。

⊙思考時間15分　★★☆中級（パブリック）

読んだ本の内容を
忘れないようにするアプリの
機能を考えてください。

・回答のヒント・・・・・・・・・・

→ 誰が、なぜ、読んだ本の内容を忘れないようにしたいのか、具体的に想像しましょう。

→ 読んだ本の内容が知識として定着する（＝忘れなくなる）までにはどのようなプロセスがあるでしょうか。

→ 上記のプロセスごとにアプリに求められる機能としてどのようなものがあるか考えましょう。

「解くべき問いは何か」を考える

まず、このアプリを必要とする人について想像しますと、私は**「読んだ本の内容をすぐに忘れてしまい、仕事などに活かせていない」**という悩みを抱えている方ではないかと考えました。

つまり、趣味ではなく、教養として専門書やビジネス書を読んでいるけれど、なかなか知識として定着できない社会人にニーズがあるアプリだと捉えました。

したがって今回は「本の内容を忘れないようにするアプリ」を**「本の内容を読者に知識として定着させ、成長を実感できるアプリ」**と捉えて検討することにします。

現状	読んだ本の内容をすぐに忘れ、生活や仕事に活かせていない
あるべき姿	読んだ本の内容をしっかり身につけ、読書が成長に繋がっている

本の内容が読者に定着するまでのプロセスを考える

上記で整理した「現状」と「あるべき姿」のギャップに注目すると、知識が定着しないことが問題だと分かります。

そこで、試験勉強の経験を念頭に置いて、知識を習得するプロセスを次の4つに整理します。

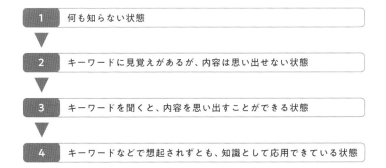

1	何も知らない状態
2	キーワードに見覚えがあるが、内容は思い出せない状態
3	キーワードを聞くと、内容を思い出すことができる状態
4	キーワードなどで想起されずとも、知識として応用できている状態

| プロセスに沿って課題と打ち手（＝アプリの機能）を検討する

　ここで、プロセス1は未だ本を読んでいない状態と言えますので、プロセス2の状態からプロセス3へ、プロセス3の状態からプロセス4へ移行するためのアプリの機能を検討します。

2→3：本の中のキーワードを聞くと、内容が思い出せる状態へ

　読者の頭の中で本の内容が知識として定着しつつある段階であり、ここでは本のキーワードと内容をしっかりとリンクさせることが重要です。そのためには次のような機能が必要だと考えます。

【要約投稿（メモ）機能】

　その本のキーワードと、キーワードの補足や解説を100文字程度で要約して投稿（メモ）する機能。投稿された内容はユーザー間で共有でき、いいねやシェアに加えて、自分用のメモに追加することができる。

【思い出し通知機能】

　反復による記憶の定着が自然にできる機能として、先ほどの要約した内容が、その投稿から3日後、7日後、1ヵ月後、1年後に「思い出し通知」という形で通知される。

　読者はこの通知を見て、定期的に内容を思い出すことで、徐々に知識として定着させることができる。

3→4：本の内容を仕事などで活かせる状態へ

　本の内容を忘れたくない人のニーズ（＝本の内容を仕事などに活かしたい）を踏まえると、単に内容を忘れないだけではなく、本から得た知識を実際に活かせるところまでアプリで支援できると素晴らしいと思います。

　たとえば、次のような機能があると効果的ではないでしょうか。

【活用事例投稿機能】

　自分のメモを見返すタイミングで過去の投稿に紐づけて、活用事例を記録できる機能。仕事などで活用できた場面や今後活かせそうな場面などを記録し、本の内容を自分の仕事などにつなげることで、単なる知識ではなく、「実践知」としての定着をサポートする。

実践知として定着するステップと、アプリに求められる機能のアイデア

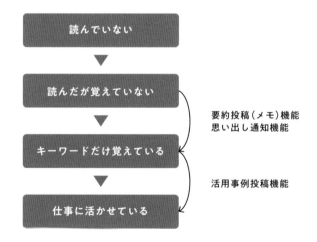

これまでの検討をまとめますと、私は本を読んで得た知識を実践できることを目的として、求められるアプリの機能には次の3つがあると考えます。

・要約投稿（メモ）機能
・思い出し通知機能
・活用事例投稿機能

以上となります。ありがとうございました。

面接官とのQ&A

Q 主な利用者は社会人とのことでしたが、このアプリはどのような社会人が利用すると思いますか？

A 20代から30代前半の真面目な社会人が利用すると思います。というのも、本から得た知識を実践したいと思う方は、まだまだ学ぶことが多く、成長意欲も高い若い年齢の方と想像されます。また、今回提案した機能は自ら書籍で得た知識や実践したことなどを投稿しなければならないため、几帳面さが求められると考えます。

Q 同じニーズを持つ人々により多く利用してもらうためには、他にどのような機能が必要だと思いますか？

A 今回のアプリは相当几帳面な社会人でないと利用しない可能性があると感じています。一方で、几帳面ではないけれど、本から得た知識を実践したいと考える社会人は多く存在すると考えます。したがって、同じようなニーズを持つ人々により多く利用していただくためには、本をしっかり読んで記録しなくても実践的な知識が得られるような機能が必要です。たとえば、書籍の要約サービスと連携して、読むべき本の要約を提供するような機能があると大変便利ではないでしょうか。

Q いくつかの機能を挙げていただきましたが、より重要な機能は何でしょうか？

A 私は、本の内容を実践する以前に、そもそも内容が頭に残っていないことが多くの人の悩みであり、プロセス2からプロセス3に移行する（本の中のキーワードを聞くと、内容が思い出せる状態となる）ところが第一に取り組むべき課題と考えています。したがって、そのステップを支援する「要約投稿（メモ）機能」や「思い出し通知機能」が重要だと考えます。

Q27

日本のスカッシュ人口を
増やすにはどうすれば
よいでしょうか。

·回答のヒント·

→ スカッシュは閉鎖環境でラケットを用いてボールを打ち返す競技です。テニスやバドミントンとよく似たスポーツである一方、これらの競技に比べて人口は圧倒的に少なく、マイナースポーツと言えます。（知識がない場合は躊躇せずに面接官に説明を求めましょう）

→ 「スカッシュ人口」の定義を明確にしましょう。

→ 人々が実際にスカッシュをプレイするようになるまでに、どのようなハードルや課題があるか洗い出してみましょう。

→ 特に解決すべきハードルや課題に焦点を当てて、打ち手を検討しましょう。

→ スカッシュをプレイするまでの段階をイメージする
スカッシュを知らない人が、定期的にプレイするようになるまでの段階を具体的にイメージし、本質的な課題を特定しましょう。

クライアントを想定し、「スカッシュ人口」の定義を明確にする

今回、私はスカッシュの競技団体がクライアントであると想定し、競技人口を増やすための打ち手を依頼されたと考えました。

また「スカッシュ人口」を「月に数回のペースでスカッシュを継続的にプレイする人々の数」と定義し、人口増加に向けた打ち手を検討します。

スカッシュ人口を増やすにあたっての課題を探る

スカッシュはマイナースポーツであり、そのようなスポーツの存在自体を知らない人もいると考えます。まずは、人々がスカッシュというスポーツを認知し、興味を持ち、実際にプレイし、繰り返しプレイする（リピートする）という定着のフローごとに課題を洗い出したいと思います。

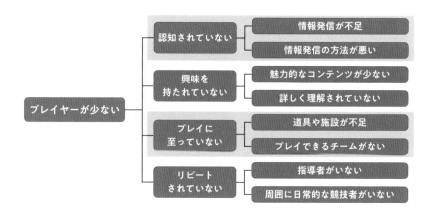

このように課題を洗い出したうえで、私は、「認知されていない」ことと、「プレイに至っていない」ことが本質的な課題だと考えました。

スカッシュはマイナースポーツであるため、そもそも多くの人々がこのスポーツの存在を認知しておらず、実際にプレイできる場所も極めて限られています。

この2点が解消されれば、スカッシュを認知して関心を持った人々が実際にプレイしてその魅力を体感し、リピートしてくれると考えます。

本質的な課題に対して、打ち手を立案する

そこで、スカッシュ人口を増やすための打ち手として、「認知」と「プレイ」の2つに焦点を絞って検討します。

まず、認知を高めていく打ち手としては、実際にプレイしてもらえるような若者をターゲットにSNSを通じた情報発信を行います。より具体的には、若者に人気のインフルエンサーの協力を得て、スカッシュの面白さや魅力を継続的に発信します。

情報発信の中で競技の説明を行うことができれば、人々がスカッシュのルールを理解し、次のステップの「興味」にも良い影響を与えることができます。

次に、プレイしてもらう機会を増やす打ち手として、都心部などの人の集まる場所に体験施設を設置し、無料でスカッシュを楽しんでもらうことが重要だと考えます。そもそも、私の周りではスカッシュをプレイできる場所がないため、先ほどの認知アップの打ち手と並行して、このような場を提供することがスカッシュ人口の増加には不可欠です。

まとめますと、スカッシュ人口を増やすに際しては、大きく「認知」と「プレイ」に本質的な課題があり、ターゲット層への情報発信と場の提供をあわせて実施することを最優先に取り組むべきです。

以上となります。ありがとうございました。

面接官とのQ&A

Q 提案いただいた打ち手によって、実際にどのくらいスカッシュ人口は増えますか？

A あくまで私の感覚ですが、スカッシュを知っている若者は全体の2割程度ではないでしょうか。仮に今回の打ち手が奏功し、スカッシュを知って興味を持つ人が2倍に、そのうちの2割がプレイに至ると考えてみます。1学年の人口を100万人と置くと、ターゲットとする16〜30歳の人口は1,500万人と推定できるので、スカッシュ人口が120万人（＝1500万人×0.4×0.2）増えると推定できます。

Q 今回の提案では、若者がターゲットに設定されていますが、その理由は何でしょうか？

A スカッシュは大変激しいスポーツであり、中高年の人にはハードルの高い競技だからです。また、私は「スカッシュ人口」を「月に数回スカッシュを楽しんでいる人々の数」と定義して、そのようなアクティブで余暇のある層として若者をターゲットと設定しました。

Q 今回提案いただいた内容は、競技人口が少ないことに悩んでいる他のマイナースポーツにも適用できますか？

A 適用できると考えます。多くのマイナースポーツは文字通り、人々から十分に認知されておらず、プレイする場も限られています。したがって、「認知向上」と「プレイする場の提供」の両輪で競技人口を増やしていくアプローチは有効だと考えます。ただ、情報発信については、該当スポーツのターゲットを具体的に想定して、適切な情報メディアによる発信を工夫する必要があるでしょう。

Q28

⏱思考時間 25分　★★☆中級（パブリック）

三重県の観光客による
経済効果を高めるには
どうすればよいでしょうか。

[三重県の主な特徴]

人口：約175万人（群馬・栃木よりやや少ない程度）
観光地：伊勢神宮、ナガシマスパーランド、鈴鹿サーキットなど
交通の便：新幹線は止まらないが、JR・私鉄・バスなどは運行している

回答のヒント

→ 三重県の「観光客による経済効果」とは、1年間における県内の観光客による支出総額を意味します。

→ 観光客の人数を増やしたり、三重県での滞在時間を増やしたりするなど、経済効果を高めるための観点を整理して、実効性や実現可能性の高い打ち手を提案しましょう。

→ 三重県と似た環境にある他の地域で実践されている取組をもとに打ち手を検討してもよいでしょう。

回答のポイント

→ 重要な論点を押さえて、地域の独自性を踏まえた提案をつくる

経済効果を高めるうえで重要な論点を押さえて、論点に対して「三重県」の独自性に思いを巡らせ、クライアントに刺さる打ち手を提案しましょう。

「経済効果」を要素に分けて、重要な論点を押さえる

私は、今回のクライアントは三重県庁として、5年程度で効果が見込めるような打ち手を検討します。

また、「経済効果」とは観光客による三重県内での支出総額と考え、次のように分解して考えたいと思います。

観光客による経済効果
= 年間の観光客数×1人あたりの平均支出額
= 年間の観光客数×（滞在時間×時間あたりの支出額）

したがって、経済効果を高めるためには、観光客数・滞在時間・時間あたりの支出額のいずれかを増やすことが必要となります。ここで、観光客数や滞在時間を増やすためには三重県の魅力を高めることが重要ですが、これは結果として時間あたりの支出額を増やすことにもつながります。

そこで今回は、観光客数と滞在時間のそれぞれを増やすための三重県の魅力を高める打ち手を検討します。

観光客数と滞在時間を増やすにあたり、観光客目線で必要な要素を考えると、打ち手としては次の2つの方向性が想定されます。

⑴交通・宿泊の便を改善する（交通の利便性向上）

　他県から三重県の交通や三重県内の交通・宿泊を快適にする。

⑵魅力ある観光名所・イベントを用意する（観光地としての魅力向上）

　三重県が観光の目的となるような魅力的なスポットを新たに生み出したり、既存の観光資源を育てたりする。これにより、近隣都道府県ではなく三重県内での支出の増加が期待できる。

　すなわち、経済効果を高めるには、2つの重要な論点「**交通の利便性向上**」と「**観光地としての魅力向上**」について具体策を講じることで、観光を考えている人々の興味を引き、三重県における実際の消費行動までつなげていくことが必要だと考えます。

三重県の現状を踏まえて、経済効果を高める打ち手を立案する

　具体策を検討するに際して、まず、三重県の観光の現状を次のように整理します。夏と冬のそれぞれで観光名所を有しているため季節変動は少ないと思いますが、東海道新幹線から外れているため、東京圏や大阪圏からのアクセスが悪いことが大きな特徴として挙げられます。

交通・宿泊の便	・東海道新幹線から外れており、京都・名古屋から在来線でアクセスする必要がある ・近隣に十分な宿泊施設が存在すると思われるため、宿泊の利便性には大きな問題はないと想定される
主な観光名所	・伊勢神宮（主に冬） ・ナガシマスパーランド（主に夏） ・鈴鹿サーキット ・なばなの里　など

　はじめに、1つ目の論点である「**交通の利便性向上**」について打ち手を検討します。

　他府県からのアクセスという観点では、たとえば山形県や秋田県は、三重県と同様に主要の新幹線路線（東北新幹線）から外れた場所に位置していますが、山形新幹線や秋田新幹線の鉄道路線を敷くことにより、日本海側へのアクセスを向上しています。三重県においても、東海道新幹線から紀伊半島側への新幹線路線の誘致を行政が推し進めることで、観光客数の増加が見込めるのではないでしょうか。しかし、5年という期間では実現可能性が低いと考えられます。

　一方、県内での交通の便についても不十分である可能性があるため、主要な観光名所間のシャトルバスなどを行政として運営するという打ち手も考えられます。こちらは県内で独自に取り組むことができるため、実現可能性が高い打ち手です。

　次に、2つ目の論点である「**観光地としての魅力向上**」について検討します。

　既存の観光資源を育てるという観点では、特産物の生産者や文化体験型の観光事業者に補助金を出すなどして、担い手の育成や事業者の保護を図ることが挙げられます。

　また、新規に魅力を生み出すという観点では、日本国内の他の地方では、近隣の都道府県のイベントと連携し、相互送客を促す取り組みをしている例もあります。三重県においても、祭りやその他イベントに際し、近畿地方の各県と連携することができるとよいかもしれません。

　さらに、金銭的な魅力を持たせるという意味では、旅行支援のような取り組みを三重県の行政単位で行うことも考えられます。ただし、この取り組みは、三重県のファンを増やして長期的に観光客数を増やすことができればよいですが、短期的には経済効果を高めるという目的には相反する可能性があるため、注意が必要だと思います。

　以上となります。ありがとうございました。

面接官とのQ&A

Q 打ち手がいくつか出ましたが、何が一番大事でしょうか？

A 今回の検討では、「交通の利便性向上」に関する打ち手として、①新幹線路線の誘致、②観光地間シャトルバスの運行、また「観光地としての魅力向上」に関する打ち手として、③他県とのイベント連携による相互送客、④旅行支援、の4つの打ち手を考えました。

私は、経済効果を高めるには、観光地としての魅力を高めることが本質的に重要であり、打ち手③が最も優先度が高く、具体化できるとよいと考えます。そのうえで、打ち手②の整備を行うことが望ましく、打ち手①④は実効性や実現可能性の観点からも優先度が低い打ち手であると考えています。

Q 打ち手を実行する際にはどのような点を考慮する必要がありますか？

A 各々の打ち手は総じて一定の投資が必要となります。そのため、中長期的な視点を含めた収支計画を立てることが重要です。今回の打ち手は実際に他県などで取り入れられている打ち手ですので、他県における取り組みの実績データなどを活用しながら、計画を立案することが適切と考えます。

Q 1～2年で早期に効果を出す打ち手としては何が考えられますか？

A 短期的に効果を出すという視点では、2つの打ち手があると考えます。まずは、SNSやメディアを活用した「認知度の向上」です。単純に三重県の魅力を知らない人が多いように感じており、行政がリードして集中的な情報発信に努めることで、短期間で観光客数を増やせると考えます。次に、「平均支出が高い観光客層への訴求」です。たとえば、海外旅行客や国内中高年層をターゲットとしたコンテンツや旅行プランの開発・提案などが考えられると思います。

世の中の食品ロスを
40%削減するための施策を
考えてください。

・回答のヒント・・・・・・

→ 食品ロスとは「本来食べられるのに捨てられてしまう食品」を指します。

→ 食材や食品が生産・加工されて実際に消費されるまでの食品供給の流れを想像し、食品ロスが発生するさまざまな場面を洗い出してみましょう。

→ 自身の経験や知識をもとに、それぞれの場面でどの程度食品ロスが発生しているのかを想定し、「40%削減」につながるインパクトのある打ち手を具体化しましょう。

> **→ 食品ロスが発生する場面を整理し、定量目標を達成する打ち手を提案する**
>
> 食品ロスがどのような場面で発生しているのかを整理し、40%削減につながるインパクトの大きな課題の特定と打ち手の立案を行いましょう。

食品供給の流れを分解し、食品ロスがどこで発生しているかを整理する

私は、政府をクライアントと想定し、国内における食品ロスを40%削減するような抜本的な打ち手を提案したいと思います。

まず現状分析として、食品ロスがどこで、どの程度発生しているのかについて整理します。

食品が消費者に届くまでの一連の流れを想像すると、食品ロスは大きく4つ、「生産段階」「加工段階」「流通段階」「消費段階」で発生していると考えます。

具体的には、**生産段階**では農業生産者などが需要以上に野菜などを生産したり、市場に出せないような粗悪品や不揃い品を廃棄したりしていると想定します。

また、**加工段階**では食品メーカーが食材を過剰に仕入れたり、食品加工時に可食部を廃棄したりしており、**流通段階**では販売先からの返品があったり、食品の売れ残りや破損があったりして廃棄しているとイメージしました。

最後に、**消費段階**では飲食店で食べ残しがあったり、食材を過剰に仕入れたり、家庭で食材を買い過ぎたり、作りすぎたりしていると思います。

各段階における食品ロスの発生度合いを想像する

私は、各段階の中でも天候によって収穫量が変動し、市場への安定供給

のためにも需要以上の生産を行っている生産段階で食品ロスは最も多く発生し、次いで飲食店や家庭における消費段階での食べ残しや買いすぎなどの食品ロスが多いと考えました。

　流通段階について、小売店では賞味期限が近付いている食品を値引きで売り切ろうとしていますし、加工段階においては基本的に決められた量の食品を加工して提供するため、作りすぎで廃棄することは少ないと考えました。

　以上の検討から、全体における各段階の食品ロスの割合を、生産段階で4割、加工段階で1割、流通段階で2割、消費段階で3割と相対的に評価して設定しました。

	食品ロスの発生原因	食品ロスの割合（想定）
生産段階（農業生産者など）	・需要を超えた過剰生産 ・粗悪品や不揃い品の発生	40%
加工段階（食品メーカーなど）	・食材の過剰仕入れ ・食品加工時のロス	10%
流通段階（食品卸・小売りなど）	・販売先からの返品 ・売れ残り、破損品	20%
消費段階（飲食店・家庭など）	・食べ残し、食材の過剰仕入れ ・食材の買いすぎ、作りすぎ	30%

｜ 食品ロス削減の打ち手を検討する

　ここで、私は生産段階で発生する4割の食品ロスを2割以下まで削減し、流通から消費の段階で発生する5割の食品ロスを3割以下にまで削減する抜本的な打ち手を検討することで、食品ロスを4割削減する目標を達成したいと思います。

　まず、生産段階おける過剰生産の原因は、生産者が安定供給を第一とし

て、必要量よりも多くの食品を生産することでした。そこで、私は「**全国規模の食品在庫流通システムの整備**」を提案します。

これは食品生産量の情報を全国規模で集約し、食品在庫を流通させることで、それぞれの生産者の余剰生産量を削減できると考えました。

また、生産段階における不揃い品は、一般的に直売所で販売されているイメージがありますが、売り尽くすことができているかは疑問です。

そこで、**もう1つの打ち手として「直売所マップの配布」を提案**します。直売所は大小さまざまな場所に存在しますが、その場所を周知できていないことで潜在的な消費者を取りこぼしていると考え、政府が各地方自治体と連携して直売所マップを作成し、住民に配布できるとよいと考えました。

最後に、**流通から消費段階においては、「フードバンクの利用促進」を提案**します。これは、仕入れ過ぎたり買い過ぎたりした食材や食品を廃棄せずにフードバンクに寄贈し、福祉施設や生活困窮者の支援団体などに届けることで食品ロスを削減するものです。

政府としては、小売店に対するフードバンク活用の義務化やフードバンクの活動に対する助成を行うなど、より多くの事業者や人々の利用を促進することができるとよいと考えます。他にも**食品ロスに対して課税する**ことで、事業者が食品ロスを最小化する動機をつくるといった打ち手も考えられます。

以上より、「全国規模の食品在庫流通システムの整備」と「直売所マップの配布」によって生産段階で発生する4割の食品ロスを2割へと半減させます。さらに「フードバンクの利用促進」や「食品ロスへの課税」によって、流通段階から消費段階で発生する5割の食品ロスを3割へと削減し、全体で食品ロスを4割削減できると考えます。

以上となります。ありがとうございました。

面接官とのQ&A

Q 全国規模の食品在庫流通システムは食品ロスの削減に大きく寄与すると感じますが、実際には障壁も高く、実現可能性としては低いのではないでしょうか?

A 実際に導入することを考えると、1人1人の農業生産者などが保有している食品生産量に関する情報をデータ化してシステム上で確認できなければならず、デジタル化に遅れが見られる農業分野では障壁は高いと考えられます。一方で、40%削減という高い目標を目指す以上は、10年単位のタイムスパンで抜本的に生産管理に取り組むことが重要だと考えています。

Q 小売店や飲食店における食品ロスはニュースでよく取り上げられています。フードバンクの他に、打ち手として何か考えられますか?

A 方向性としては、「仕入れ量の適正化」と「売れ残り食品の消費促進」の2通りがあります。前者については、食品在庫流通システムと同様、政府が地方自治体と連携して地域全体の消費量データを集約し、適切な仕入れ量を各事業者に提案していくことができるとよいのではないでしょうか。後者についてはフードバンクの利用促進が該当すると考えています。

Q 生産段階においてはシステムや直売所マップをとおして需要と供給を一致させていく取り組みが重要だと理解したのですが、家庭における食品ロスを削減するために大事なことを端的に教えてください。

A 家庭の「意識改革」が最重要です。買いすぎや作りすぎを防ぐために、冷蔵庫の中を確認することや食べられる分だけ作ることを徹底できれば消費段階の食品ロスは大きく削減できると考えます。フードバンクの利用が身近になれば、食品ロスに対する意識改革につながると期待しています。

先進国から発展途上国に提供される医薬品を市民に行き渡らせる方法を考えてください。

> **回答のポイント**
>
> **→ 発展途上国に医薬品が行き渡りづらい本質的な課題を見出す**
> 想定される原因を深掘りして本質的な課題を見出し、優先度の高い施
> 策を提案しましょう。

｜医薬品が市民に行き渡りづらくなっている原因を洗い出す

　医薬品を市民にうまく行き渡らせることができていない発展途上国の政府をクライアントと想定し、打ち手を検討します。

　まず、医薬品が市民に行き渡らない原因について、先進国より医薬品が届けられてから市民に行き渡るまでの流れを整理すると、

①先進国から寄付された医薬品が発展途上国内の物流に乗るまで

②医薬品が物流に乗ってから市民に届くまで

③医薬品が市民に届いてから正しく服用されるまで

の3つの段階があり、それぞれにおいて、医薬品が市民に行き渡らない原因が発生しうると考えらます。

　①先進国から寄付された医薬品が物流に乗るまでについては、発展途上国の政府が先進国から医薬品を受け取ってから物流に乗せていると考えられるため、途上国のオペレーションに原因がある可能性があります。したがって、「**仕組み面（ハード）**」と「**運用面（ソフト）**」の2つの観点でオペレーションにおける原因を洗い出します。

　②医薬品が物流に乗ってから市民に届くまでについては、「**物流業者の原因（人為的な原因）**」と、「**物流業者に依らない共通の原因（自然的な原因）**」の2つの観点で原因を分けることができます。

　③医薬品が市民に届いてから服用されるまでについては、市民の意識や行動が原因となって服用に至っていないことが考えられるため、「**認知（薬について知っているか）**」「**意欲（薬を服用したいと思っているか）**」「**行動（薬を正しく服用できているか）**」の3つの観点で原因を整理します。

　以上を踏まえて、私は次のように「医薬品が市民に行き渡らない原因」を洗い出してみました。

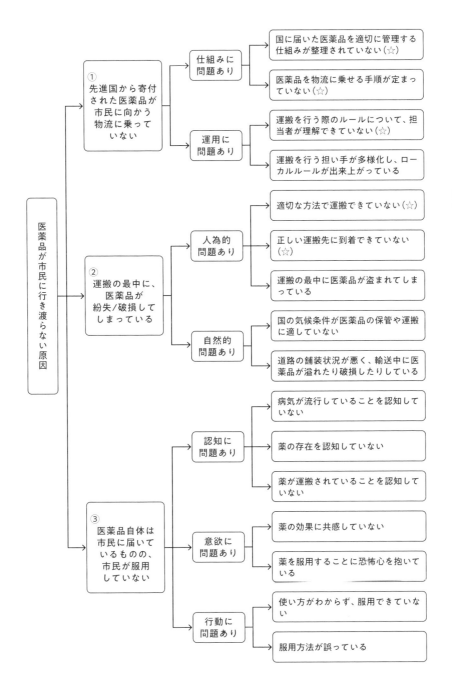

医薬品が市民に行き渡らない原因

① 先進国から寄付された医薬品が市民に向かう物流に乗っていない
- 仕組みに問題あり
  - 国に届いた医薬品を適切に管理する仕組みが整理されていない（☆）
  - 医薬品を物流に乗せる手順が定まっていない（☆）
- 運用に問題あり
  - 運搬を行う際のルールについて、担当者が理解できていない（☆）
  - 運搬を行う担い手が多様化し、ローカルルールが出来上がっている

② 運搬の最中に、医薬品が紛失/破損してしまっている
- 人為的問題あり
  - 適切な方法で運搬できていない（☆）
  - 正しい運搬先に到着できていない（☆）
  - 運搬の最中に医薬品が盗まれてしまっている
- 自然的問題あり
  - 国の気候条件が医薬品の保管や運搬に適していない
  - 道路の舗装状況が悪く、輸送中に医薬品が溢れたり破損したりしている

③ 医薬品自体は市民に届いているものの、市民が服用していない
- 認知に問題あり
  - 病気が流行していることを認知していない
  - 薬の存在を認知していない
  - 薬が運搬されていることを認知していない
- 意欲に問題あり
  - 薬の効果に共感していない
  - 薬を服用することに恐怖心を抱いている
- 行動に問題あり
  - 使い方がわからず、服用できていない
  - 服用方法が誤っている

｜ 本質的な課題を捉え、打ち手の方向性を検討する

ここで、医薬品を市民に行き渡らせるにあたり、そもそも市民のもとまで薬が届かないのであれば服用できません（**①先進国から寄付された医薬品が物流に乗るまで、②医薬品が物流に乗ってから市民に届くまでの原因が本質的な課題**）。

したがって、医薬品を適切に物流網に乗せ、市民のもとに確実に運搬するための打ち手が第一に必要と言えます。

第二に、市民に医薬品が届いたとしても、市民が医薬品の存在を認知していない、または服用したいと思っていない場合には、国全体における医薬品服用の普及は難しいです（**③医薬品が市民に届いてから服用されるまでの原因については認知や意欲が本質的な課題**）。

したがって、市民の医薬品に関する認知度や服用意欲を上げるための打ち手も講じていく必要があります。

｜ 本質的な課題に対する打ち手を具体化する

今回検討した国は発展途上国であるため、国民全員の居住地を把握する仕組みが確立されていなかったり、大量の医薬品を管理するノウハウが不足していたりする可能性があります。このことが、先ほどのロジックツリーで☆をつけた原因に横断的に影響していると想定されます。

そこで、まずは「医薬品を重点的に届けていく地域」を選定し、政府が管理可能な規模に限定して政府主体で医薬品の提供を行うことで、他の地域にも応用できる医薬品の提供ノウハウを蓄えていくことが有効と考えます。

また、政府にノウハウが蓄積されると同時に、政府主導で積極的に医薬品が提供されることで、市民の服薬意欲向上が期待できます。

その上で、この「医薬品を重点的に届けていく地域」の選定に際しては、「適切な運搬を行えるインフラが既に整備されていること」と「医薬品の

存在や効果を国民に認知・共感させるインパクトがあること」の2点を重視すると効果をあげやすいと思います。

　具体的には、交通インフラが整備されていることに加えて、人口やメディアの集中でスケールメリットも享受しやすい「首都地域」を重点地域とすべきでしょう。

　したがって、私は、発展途上国の政府がまず行うべき打ち手として、

「発展途上国の首都地域に特化」して「政府主体で医薬品の運搬及び提供を行う」ことで、「運搬ノウハウの確立」と国民の「服用意欲向上」を図る

　ことを提案します。以上となります。ありがとうございました。

面接官とのQ&A

Q 打ち手について、特に障壁になる点はどこになります？

A 国民の服用意欲を向上させることが、特に難しいと考えています。思考時間内では検討できませんでしたが、日本でコロナワクチン接種者をGoToトラベルの対象にしたように、提案した打ち手においても、医薬品を服用した市民に対するインセンティブの設計を別途考えていく必要があると思います。

Q 今回の打ち手において、政府が主体となって輸送を行うとは、具体的にどのようなアクションを想定していますか？

A 日本において、非常時に自衛隊が物資を地域に届けるように、検討した発展途上国の軍隊や警察が有する機材・車体などで物資を輸送することを想定しています。また、先進国が発展途上国に医薬品を提供していると想定すれば、発展途上国の政府から先進国（支援国）に輸送用車両などの提供を要請することも有効と考えられます。

Q 打ち手の対象を首都地域に絞って立案していただきましたが、それでは国内に広く医薬品を運搬するためのノウハウが蓄積されないのではないでしょうか？

A 私は、輸送中に起こる自然的な問題には「国の気候の問題」や「道路の舗装状況」があると整理しました。前者については、首都への運搬でも十分に検証できると考えられます。
また、後者については、長期的なインフラ整備となると莫大な時間と費用が必要になるため、ヘリやドローンなどの異なる輸送手段を用いることが有効になるでしょう。そうした輸送手段であれば首都地域への医薬品輸送の際に試行することも可能と想定しています。

▼

面接官から"愛される"話し方のコツ

　フェルミ推定問題やケース面接問題の双方において、「コミュニケーション能力」は重要な評価ポイントです。

　経営コンサルティングの仕事は自分1人では決して成し遂げることはできず、クライアント企業の経営層や各部署の責任者や担当者、プロジェクトチームのメンバーと協働することで最大限の成果を実現していきます。

　したがって、経営コンサルタントには、問題を発見し、解決策を導いていく思考力だけでなく、他者との信頼関係を築き、連携を深めていけるようなコミュニケーション能力も求められます。

　ここでは、優秀な選考突破者に共通して見られる話し方のポイントを3つ紹介します。

ポイント1：長々と話さず、面接官とのキャッチボールを楽しむ

　選考突破者は自分の発言を短く区切り、面接官に、適宜質問を投げかけながらディスカッションすることを心がけています。

　冒頭に思考時間がある場合であっても、最初の発言は長くても3分、出来れば2分以内で終えて、その後の面接官とのディスカッションや質疑応

答をとおして提案内容を磨き上げようとします。

　一般的に、面接官は志願者の話を途中で止めるようなことはしません。志願者の話が長ければ、それだけ質問や確認したい点を整理しておき、話が終わったところでコメントを行います。

　見方を変えれば、膨大な情報を志願者から投げられ、それに対して面接官が複数の質問や確認を投げ返すという、キャッチボールではなく「ドッジボール」のようなディスカッションになってしまいます。

　テンポの良いキャッチボールができれば、問題の認識を合わせながら、面接官からのコメントや質問を踏まえて、重要な視点を落とさずに提案内容を磨けるでしょう。

　面接官としても志望者の思考を適切に理解しながら、確認や質問をすることができるため、評価しやすくなります。

ポイント２：面接官による質問の意図を
確認し、建設的議論を心がける

　選考突破者は、面接官とのディスカッションや質疑応答をとおして、自分の思考をさらに広げ、深めることができると考えています。

　自分の仮説や提案内容はもっと良くなると確信しているため、面接官からの質問に対しても反論する（＝自分の仮説や提案内容を固持する）ようなことは決してしません。

　面接官から自分が全く考慮していなかった視点について質問や確認がなされたときなどは、面接官がどのような意図でその発言をしているのかがわからなくなりがちですが、選考突破者は必ずその意図を面接官に確認し、正確な理解にもとづいて適切な回答を行っています。

　面接官からの質問やコメントを正確に理解し、建設的な議論をとおして自分の仮説や提案内容をより良くしようとするコミュニケーションを実践しましょう。

ポイント3：「論理的思考×情熱的態度」
で高い人間性を見せる

　選考突破者は、論理的に物事を考える冷静さと、問題を何とか解決したいという情熱を兼ね備えています。面接官はコミュニケーションをとおして、志願者の思考力と人間性の双方を評価しています。新卒も中途も関係なく、「この人は、仲間を率い、顧客の心を掴める人間だろうか」と見ているのです。

　したがって、論理的に話すことを意識しすぎて、黙ってしまわないようにしましょう。本書における選考突破者の回答例にも共通していますが、すぐに答えを出そうとせず、問題を適切に理解し、その深層へと段階的に思考を深めていけば大丈夫です。

　面接官とのキャッチボールを楽しみながら、多少粗削りであっても問題解決に向けた強い想いをもって検討の切り口や方向性を捻り出せば、面接官も適宜フォローアップしてくれるでしょう。

[著者]
コンサルティングファーム研究会
フェルミ推定・ケース面接対策チーム

コンサルティングファーム研究会では、マッキンゼーやBCGなどの外資系コンサルティングファーム内定者や現役コンサルタントが集い、経営コンサルティングの業界動向や個別ファームの取組を調査・研究している。その中で、フェルミ推定・ケース面接対策チームでは個別ファームの選考内容を調査し、特にフェルミ推定やケース面接における傾向と対策について分析している。研究会では、2020年より外資就活ドットコム/Liiga（運営：株式会社ハウテレビジョン）にて、短期集中型のコンサルタント育成プログラム「Consultant Bootcamp」を運営。毎年300名を超える学生や社会人が受講し、マッキンゼーやBCGなど、外資系コンサルティングファームへの就職・転職を実現している。目の前の問題に対して、本質的な課題を見つけ、実現可能でインパクトの大きな解決策を提案・実行できるような、「課題発見・問題解決のプロフェッショナル」を育成するために日々活動している。

HINA：データサイエンスを駆使して企業変革を推進
JIM：サステナビリティ分野における経営戦略の立案や実行を支援
NAO：先端テクノロジーを活用した事業開発や社会実装を手掛ける
RIO：クリエイティブ領域における政策形成や戦略策定を牽引
SHIM：エネルギー業界の問題解決に取り組む
TACT：まちづくりやデザイン領域のビジョンや戦略策定を手掛ける
NOZOMI：M&A等の財務戦略やスタートアップ政策を支援

問題解決力を高める
外資系コンサルの入社試験

2024年6月4日　第1刷発行

著者————————コンサルティングファーム研究会 フェルミ推定・ケース面接対策チーム
発行所————————ダイヤモンド社
　　　　　　　　　〒150-8409　東京都渋谷区神宮前6-12-17
　　　　　　　　　https://www.diamond.co.jp/
　　　　　　　　　電話／03・5778・7233（編集）　03・5778・7240（販売）
ブックデザイン————中ノ瀬祐馬
イラストレーション———水谷慶大
校正————————LIBERO
製作進行————————ダイヤモンド・グラフィック社
印刷————————勇進印刷
製本————————ブックアート
編集担当————————斉藤俊太朗